PDCA戴明环

螺旋上升的改善通道 ⊙ 精益流程的发展

流程创新

⊙ 精益流程与文化管理

流程文化的要素

流程文化的提炼 ⊙ 精益流程文化

流程文化走入人心

管理流程的方向

大组织的管理流程 ⊙ 不可忽视的管理流

什么是瓶颈 ⊙ 精益控制内容

寻找移动的短板 🔵 精益控制与管理注

异常发生的警报

平衡计分卡 ⊙ 精益控制方法

流程反馈

实用精益流

可视化管理

消除多变性 ⊙ 标准化

均衡运作

建立技术体系

明确开发对象 ⊙ 技术开发与培训 ⭐ 流程标准化技术

多能工

追求效用最大化

节拍运作 ⊙ 准时化生产

人员的弹性配置

流程管理学

- **▶ 为什么引入精益流程**
  - 管理就是走流程
    - 大工业时代的流水线
    - 精益流程时代
  - 引入精益流程思维
    - 价值流
    - 无处藏身的浪费
    - 快速反应
  - 精益流程的观念
    - 从制造业到非制造业
    - 从业务到管理
    - 从内部活动到顾客价值

- **★ 什么是精益流程**
  - 流程变形记
    - 金字塔型结构
    - 矩阵模型
    - 扁平化组织
  - 精益流程结构
    - 流程的要素
    - 流程框架
    - 必要构成与非必要构成
  - 敏捷的流程
    - 敏捷管理
    - 端到端流程
    - 信息化桥梁

- **★ 精益流程再造**
  - 顾客价值分析
    - 顾客价值的内涵
    - 购买行为的背后
    - 顾客价值的满足
  - 解构业务活动
    - 活动分析
    - 业务重组
  - 浪费与价值
    - 浪费的背后是价值
    - 精细创造价值
  - 价值流程描绘
    - 价值流程图
    - 增值业务与非增值业务

实用精益管理培训系列教程

实用
精益流程管理学

易生俊　孙亚彬　著

中国人民大学出版社
·北京·

丛书说明

本套丛书是过去两年时间里，我们集合了企业一线精益管理者、相关企业的精益咨询师以及研究团队共同撰写的精益素质培养与推行指导读物。

研究出版这套书是出于两个重要的原因：

第一，目前很多企业希望推行精益管理，特别是生产制造业。最近这两年，一些非制造业的企业也希望采用精益管理思想。但是，大部分企业在推行过程中常常是失败的。这种失败有两种解读：一部分人认为，企业不适合做精益，这是谬误；另一部分人认为是精益思想本身的问题，这当然是更大的谬误。推行精益，必须先了解精益。

了解精益，还不能停留在表面，要了解精益的精髓及本质要求。这就像我们经常在企业中所能见到的"看板管理"。现在的很多企业提精益必提"看板管理"，似乎看板管理就代表"拉动"，代表着精益。要纠正这些看法，就要真正认识精益，必然需要对精益进一步解读和培训，这就是编写这套书的第一个原因。

第二，企业推行精益常常没有全面系统的规划和能力储备。我们说，推行精益应该是一个系统工程，这中间需要各层级、各岗位人员协同进行。确切地说，一处精益，另一处不精益；一处效率高，一处效率低……这在精益思想中叫"精益孤岛"。精益孤岛的存在，本身就是不精益的表现。从系统协同的角度出发，每一个不同的群体、不同的岗位，都会有不同的任务要求，包括掌握不同精益技能的要求。而这个原因，正是我们这套书之所以依据不同对象、不同专业进行分册说明的背景所在。

如果企业试图推行精益管理，我们对企业的建议是：要做到全员懂精益要求（具备精益素养），从车间入手（选"点"突破）、由中层统筹，落实到企业大流程上来。这是一个基本逻辑和路径，另外，要掌握必要的精益技术和技能，并且要能够熟练运用。

依据这样一个路线图，我们把全员精益素质放在《基层管理者实用精益管理学》一书中来解读；把精益的突破点放在《车间主管实用精益管理学》中来讨论；把中层统筹工作放在《中层管理者实用精益管理学》中来解读。而最终，精益追求的是全企业的价值流精益，所以我们还要通过一个专题提供这方面的解读，这就是《实用精益流程管理学》。围绕着这样一个体系，每一个人当然还需要掌握技术技能，这就是《精益管理技能技术与实务》这本书的任务。

概括起来看，这套书服务于企业的精益管理工作有两个方面的任务：一是精益素养；二是推行方法。每一本书的定位、特征以及内容说明等，在单本书的前言中都有非常详细的说明，可供参考。

我想引申的是，中国企业目前已经到了全面实施精益管理的时候。特别是在全球工业 4.0 环境下，企业倘若连最基本的管理都不能精益，从何讨论实现全面的信息化、智能化、全网联通的建设呢？其基础何在呢？质量控制措施混乱、流程一团糟、车间生产毫无章法……在这样的情况下，谈竞争力、谈发展建设，都是空中楼阁。道理其实是简单易懂的：实现精益企业管理是工业 4.0 发展的必要阶段。依我看，这个观点特别适用于我们中国企业的发展阶段。

以上是为丛书说明，与广大企业共勉。

孙科炎

2016 年 1 月于北京

前　言

以创造价值为流程依据

这本书是本套丛书中单就"精益流程"问题展开说明的培训教材。

现今，众多都对流程管理有极大的兴趣。据统计，早在 20 世纪 90 年代中期，当时世界 500 强中高达 70％的企业便均已实施了业务流程重组，并取得了突出的成绩。时至今日，实施流程管理的企业更是难以计数。可以说，任何企业或组织都需要最有效的管理流程。

对于致力于中国制造的中国企业而言，强化流程管理更应被作为一件重要的任务来抓。在管理实践中，科学而优化的流程管理将给企业带来诸多效益，比如：营造良好的企业文化、培养高素质的员工和规范流程、持续改进监控绩效、促进质量提升、促进效率、减少浪费、节约成本、树立形象、实现卓越，等等。所以，紧抓流程管理，必须成为企业的基础竞争策略之一。基于此，流程管理毋庸置疑地被确定为"维护企业生机或谋求竞争优势的手段"，而如何实现其顺畅、增值，提升其支持力，则成了企业管理者必须深度考虑的重要命题。

这就要求企业绝不能简单地实施流程管理，而要推进精益流程管理。所谓"精益流程管理"，其核心是"价值流"问题，它将企业视为一个价值创造系统，确保每一项工作都能够产生"经济效果"，而尽最大可能降低无效的、非价值创造的工作。这就要求企业根据顾客需要和企业自身发展阶段，对企业业务流程进行细致的分析、提出综合的解决思路，调度相关资源来组织系统实施。这样一个命题，当然是值得用一本书来详解的。

围绕"精益流程设计"中心

本书主要面向企业流程管理工作，培养目标是，帮助企业管理者学习系统、科学的精益流程设计思想、理念和方法，使其精益流程管控能力得到逐步提升和强化。为实现此目标，我们对本书内容有严格要求，也使本书表现出以下显著特征。

（1）理念与逻辑清晰。本书著述的目的是帮助读者建立对精益流程的基本认识，掌握精益流程管理的基本逻辑，深刻解析精益流程管理理念和知识，以便于企业管理者在头脑中形成系统的精益流程管理观念和科学的精益流程管理逻辑。

（2）理念与实践相结合。目前，流程管理领域中的图书大多流于流程管理技术诠释或科学理论阐述，诘屈难懂，而本书是将案例与理念一一对应，非常便于读者阅读和理解，更有助于应用于实践。这也是本书最突出的优势特征。

（3）覆盖领域拓宽。精益流程管理并不局限于制造业中，它在所有企业中都应是适用的。这意味着本书是一本通用型精益流程管理图书，呈现的是精益流程管理的基本逻辑，读者可以通过获得基本逻辑来实现灵活的流程管理和运作，推动企业更为顺畅的运作下来。

全面掌握精益流程方法

基于上述目标，我们对本书进行了精细的策划。在本书中，我们将依循"为什么要有精益流程→什么是精益流程→精益流程怎么实现→精益流程的改善"的逻辑，分别阐述精益流程的存在价值、精益流程的界定、精益流程再造、流程标准化技术、精益控制与管理流、精益改善与流程文化等内容，具体内容说明如下：

（1）为什么引入精益流程。本章的重点在于解释在企业中引入精益流程的重要性，以此端正企业管理者对精益流程的观念，使之认同在企业内部引入精益流程的管理行为。为此，本章会逐一介绍精益流程时代到来的过程、精益流程思维的界定以及精益流程的基本观念。

（2）什么是精益流程。这一章的重点是解释精益流程的样貌。这就涉及到精益流程的演变、精益流程结构、敏捷流程的生成。其中，精益流程演变经过了三个典型阶段：金字塔结构、矩阵模型、扁平化组织；精益流程结构则涉及流程的要素、流程框架、必要构成与非必要构成；敏捷流程的生产则涉及敏捷管理的概念、端到端路径的打造以及信息化桥梁的支持。本章会对这些内容一一进行介绍。

（3）精益流程再造。精益流程再造是一个持续的流程管理过程，其目的是实现当下流程的最优化。在流程再造需要经过四个环节：顾客价值分析、解构业务活动、界定浪费与价值的问题、描绘价值流程。其中，顾客价值分析是因为流程运作要以顾客价值需求满足为导向，所以必须先行确定顾客价值；解构业务活动是指对当下业务活动进行分析、重组，这是精益流程再造的实体行为；界定浪费与价值主要是针对结构后的业务活动展开的；如确定价值稳定且无浪费，则可进行价值流程描绘，如此精益流程再造便告完成。本章将对这些内容进行详细阐述。

（4）流程标准化技术。标准化是当下流程稳定运作的保障，精益流程管理需要借助标准化技术来实现流程运作的稳定性。在管理实践中，标准化状态表现为可视、消除多变、均衡运作；而这一切来源于技术开发与培训的，企业必须建立对应的技术体系，界定开发对象，并组织培训多能工来支持标准化的实现。总体上说，流程标准化能够得到切实推广后，准时化生产便也水到渠成了。在本章中，我们将就标准化状态、标准化的支持以及标准化的必然成果进行具体阐述。

（5）精益控制与管理流。精益流程管理不应只是简单的、向业务的流程管理，它还应面向日常控制与管理工作，即：对控制与管理流的精益化。在日常工作中，管理流程的问题常常被人们忽视，认为管理是随机的，然而随意且缺少方向的流程运作往往给管理带来障碍。所以，如何让控制与管理更顺畅，这是精益控制与管理的核心目标，也是本章论述的核心内容。

（6）精益改善与流程文化。持续改善与进步是流程管理矢志不移的目标和要求。本章将分别阐述精益流程改善的表现：PDCA 戴明环、改善通道、流程创新等概念，以及推动精益流程改善的流程文化。

致谢

我们要特别指出，精益流程管理是一种系统的价值管理思维，对它的深入研究并不是一件简单的事情。本书的研究和出版工作是一个项目团队合作的过程。在这里，我们对为这本书的内容研究出过力的专家，以及执笔团队给予最诚挚的敬意。如果您发现书中不足之处，还请读者朋友们谅解，并提供批评意见以供我们改正。

谢谢读者朋友们。

作者
2015 年 12 月于北京

目 录
CONTENTS

第 **1** 章

为什么引入精益流程

企业战略要依靠流程来落地，客户需求要通过流程来满足，而岗位职责根据流程来划分，由此可见，流程是何等重要！但是，对于一个具体的企业而言，仅仅建立一条流程就万事大吉了吗？

第1节　管理就是走流程

企业活动主要是由输入资源和输出产品引发的。这些活动构成了这样一个有规律的状态：从一定的环节开始，到一定的环节结束，并在这个起始和结束的过程中产生各种各样的任务和工作。这一系列的活动也就构成了所谓的流程。

何谓流程呢？虽然目前对流程的定义囊括了各种角度，而我根据多年从业经验所得出的理解是：流程是一系列活动的组合，它接受着诸如人员、技术、资金、信息等投入的要素，最后通过流程形成客户所期望的结果，包括产品、服务以及某种决策结果。

从流程的定义可以看出，它所涉及的每个要素都是管理工作的具体内容。正如很多企业员工所说："虽然我们并没有用'流程'这个词汇来表达，但是，无论做什么事，我们都在遵循'先做什么、接着做什么、最后做什么'的先后顺序，其实，这就是所谓的流程。"

由此可见，流程并不仅仅是一件管理的工具，更是我们每个人做任何事所必须贯彻的理念。

案例 1　　一场正式会议的流程

企业每天要开展各种类型的活动，为了确保诸多活动有条不紊，往往要借助于一套规范的管理流程。

以开会为例，这是每个企业的日常活动中不可缺少的一环。而一个会议的成功，必须按照准确的流程来筹备与开展。

会议流程设计是一次会议取得成功的必要条件。不管是会议环境和会议布置，还是大型的展览都要做到主题明确、管理规范。只有这样才能吸引参会者的注意力，取得良好的会议效果。

图1—1的会议流程详细安排了整个活动的内容，通过将会议的期望目标转化为各环节的期望，使该活动的目标内容更加清晰、一致，确保了目标的统一协调。

对于企业日常业务的管理，我们已经变得越来越习惯通过流程的方式来思考与操作，这不仅大大提升了管理的效率，也能帮助管理者更好地把握整个业务的进展。

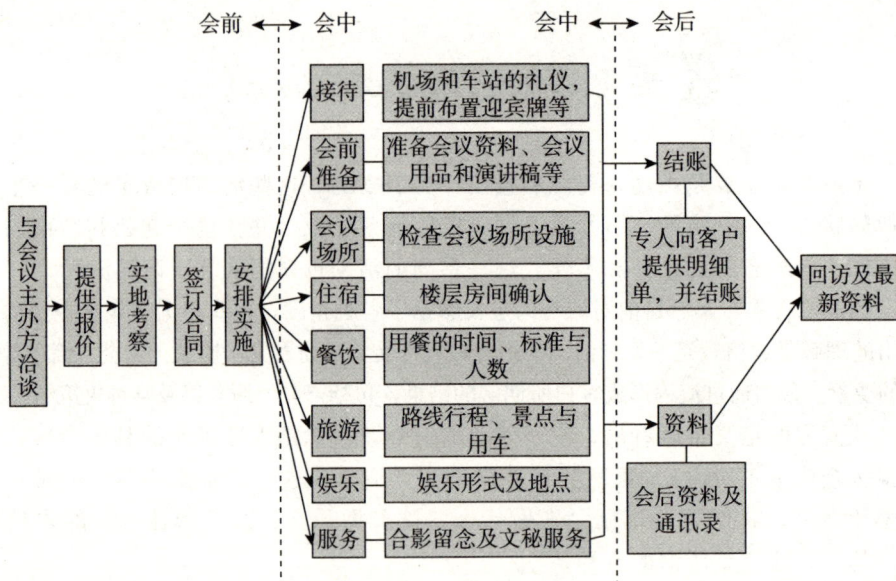

图1—1　会议流程

理念 1　　大工业时代的流水线

　　工业革命的兴起创造了完整的制造业，带给人们的不仅仅是庞大的社会财富，还影响了人类整个世纪的工作与生活的方式。当然，这一切都离不开那条永不停息的流水线。生产流水线是把一个重复生产的过程分解为若干个子过程，前一个过程为下一个过程创造执行条件，从而形成一条"功能分级、空间上顺序依次进行、时间上重叠并行"的传输线路。

　　然而生产流水线在早期并没有被广泛应用，直到20世纪初，美国福特汽车公司创立了世界上第一条汽车生产流水线，如图1—2所示。福特汽车流水线通过标准化、大批量的规模化生产方式迅速降低了生产成本，提高了生产效率，一举将汽车这种曾经属于少数富人的奢侈品变成了大众化的交通工具。自此，大规模的生产流水线始终被人们视为现代工业生产的主要特征。

　　在图1—2中，福特的生产装配流程把汽车放在流水线上组装，从而大大提高了员工的劳动生产率。在流水线旁，福特把装配汽车的零件装在敞口箱里，放在输送带上，送到每个技工面前，工人们只需要站在输送带两边即可完成工作，节省了来往取零件的时间。而且，在装配底盘时，由物料工人拖着底盘通过预先排列好的一堆零件，负责装配的工人只需按顺序安装零件，这样装配速度自然加快了。福特公司在一年中生产了几十万辆汽车，这个新的生产流程既有效又经济。结果亨利·福特把汽车的价格削减了一半，降至每辆 260 美元，1913 年，美国人均收入为 530 美元，1914 年，一个工人工作不到四个月就可以买一辆 T 型车。

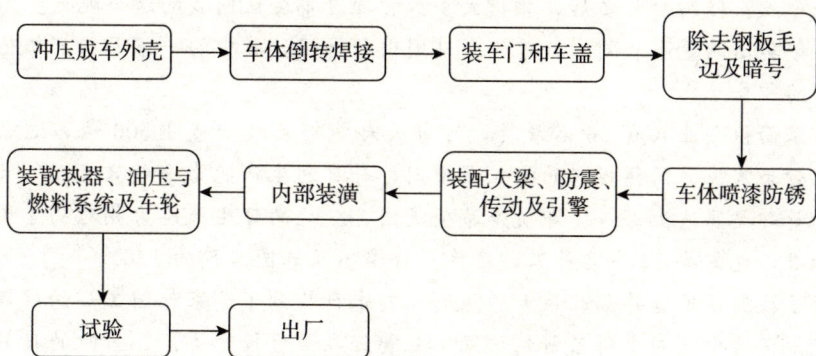

```
┌──────────┐    ┌──────────┐    ┌──────────┐    ┌──────────┐
│ 冲压成车外壳 │──→│ 车体倒转焊接 │──→│ 装车门和车盖 │──→│ 除去钢板毛 │
│          │    │          │    │          │    │ 边及暗号  │
└──────────┘    └──────────┘    └──────────┘    └──────────┘
                                                      │
┌──────────────┐   ┌──────────┐   ┌──────────────┐  ↓
│ 装散热器、油压与 │←─│ 内部装潢  │←─│ 装配大梁、防震、 │←┤ 车体喷漆防锈 │
│ 燃料系统及车轮  │   │          │   │ 传动及引擎    │
└──────────────┘   └──────────┘   └──────────────┘
      │
      ↓
┌──────────┐    ┌──────────┐
│   试验   │──→│   出厂   │
└──────────┘    └──────────┘
```

图 1—2　福特汽车的装配流水线

流水线生产方式的出现，使每一个生产岗位都有了标准化和通用性，从而大大改善了流程。同时，原来只有少数技术工人才能生产汽车的历史被彻底颠覆。当一双黑乎乎的挖煤工人的手也能够造出"神秘的汽车"时，就意味着一个最普通的体力劳动者的工作效率被提高到了技术工人的水平之上。这是流水线生产方式本身的功劳和胜利。在工业时代，所有企业的生产效率正是因为流水线生产方式的应用而出现了质的飞跃。

然而，几十年之后，大工业的流水线是否还能够为整个汽车行业创造价值呢？确切地说难以实现。因为我们的社会已经进入了一个新的时代——精益流程管理时代。这里，大规模的流水线式的生产流程恰好成为了知识工作者提升生产率的阻碍，因为精益流程工作者的生产效率是构建在多变的生活方式之上的。因此，当社会进入了一个市场需求向多样化发展的新阶段，相应地要求工业生产流程必须向着多品种、小批量的方向发展，单品种、大批量的流水线生产方式的弱点也就日渐明显了。

案例 2　　亟待改善的流程管理

创造价值是一个企业唯一的生命线，而一个静态的组织是不会产生任何价值的，要想创造价值，则必须应用流程。特别是在服务行业中，服务效率是企业获得超强竞争力的关键——客户不仅希望所得到的产品符合标准，还非常注重所接受的服务效率。

如今，越来越多的企业开始重视流程，甚至投入巨额的成本来建立流程。可是，我们的企业管理所面临的困境真的只是缺少流程吗？那为何诸多企业不惜引进专业的工作流程管理软件来辅助流程管理，却常常是竹篮打水一场空？管理者们现在不妨检查一下正在执行的作业流程，已经制定了多久？多久未被修正过？制定之初与现在的作业条件是否存在差异？目前操作这个作业流程时，是否存在障碍和难点？仔细检讨之后，相信大多数管理者都会认同我的这个观点。

希望集团的董事长刘永行曾经到韩国进行访问，其中的一家面粉厂给他留下了深刻的印象。

这家面粉企业只有 66 名雇员，可每天却能够处理小麦 1 500 吨，这令刘永行感到颇为震惊。同样规模的企业在中国，每日的生产能力一般只有几百吨，而员工数量却要高达上百人。即使是希望集团 250 吨的日生产能力相对高于国内同行业标准，也需要 80 多名员工，日生产效率不及韩国工厂的 1/6。

为了找到效率差异如此巨大的原因，刘永行找到了这家韩国工厂的经理进行了交谈。交谈中，刘永行了解到该家企业曾经在蒙古投资办厂。当时的日处理能力为 250 吨，员工人数却高达 150 余人，最终也不得以关闭。对此疑问，该经理含蓄地回答道："也许是中国人做事不到位吧。"震惊的刘永行明白，这句简单的回答背后，隐藏了许许多多不愿谈及的管理问题。

真正能够解释中国人做事不到位的，就是我们都在按照自己的行为习惯做事，而不是遵循科学、高效的流程规范。

理念2　　精益流程时代

一个新时代的诞生总是伴随着剧烈的阵痛。战后的日本曾面临着资源匮乏和资本不足的严重困境，而以丰田汽车为首的汽车工业却能够在美国大批量生产的排挤下，以多品种、少批量为主要的市场战略，最终通过多年努力构建了闻名世界的丰田管理模式，创立了企业管理领域的精益流程时代。

当丰田汽车走上世界销量首位的宝座时，美国的大批汽车生产厂商才意识到差距，从而在美国企业中掀起了对精益生产的研究和推广热潮。美国管理领域的无数位专家认真研究丰田生产方式，并结合美国企业的实际情况，将丰田生产方式改造为"精益制造"或"精益流程与管理"。一些企业甚至将精益流程管理与本公司实际相结合，创造出了适合本企业需要的流程管理体系，例如，1999 年美国联合技术公司的 ACE 管理（获取竞争性优势）、精益六西格玛管理，1998年通用汽车的竞争制造系统等。可见，他们并未局限于对丰田生产方式的学习，而是继承了其不断改善的精神。

自此，精益思想（lean thinking）成为了企业管理史上一种重要的管理思想。美国、日本的很多企业尤其重视精益流程的管理——而且不仅仅是生产制造业，第三产业、服务业的流程管理也在运用精益思想。当前的中国企业正在经历转型升级期，据我们的观察，在经历了 2008 年的经济危机之后，国内企业对精益流程管理的重视正在呈现直线上升的趋势，这恰恰是由精益流程管理的价值决定的。

辅助阅读

精益做事的效率

大野耐一在丰田工厂时经常深入车间视察。一次，他发现一名质检员在检查零件时，总是把零件排成一排。于是，大野耐一问他："你为什么不一个一个地检查，每检查完一个就放入箱子里呢？这样效率不是更高、更轻松？"工人回答道："不，这样更快。"大野耐一告诉他一个一个地检验，但工人答道："什么？这不是把工作当游戏吗？"大野耐一不得不"命令"他一个一个地检验。工人虽然有怨言，但还是照做了。结果，5 000 个零件一天就完成了，比平常还提早完成。

事实上，对很多人而言，在看到事实之后，他们才会倾向于坦然接受事实。美国某汽车公司的管理者意识到公司落后于日本汽车企业是因为精益化，于是计划引进精益化管理模式。在与员工的互动中，管理者指出生产中效率低下的问题，以及日本的汽车公司拥有更高的运作效率的情况，并提出了精益化推行方案。但生产人员认为是危言耸听，"现有模式没有问题"。无奈之下，管理者决定带领员工代表参观日本汽车企业。当这些来自美国的生产人员亲眼目睹了日本汽车高效率的运作后，终于相信他们确实面临巨大的威胁，并开始接受精益化推行方案。

与丰田、索尼同样知名的日本企业还有很多，如 NEC（日本电气股份有限公司）、松下等，它们的企业内部也无不充盈着改善的精神，这些企业人在改善执行的过程中让改善本身获得了更高层面的精神价值和实践价值。

第 2 节　引入精益流程思维

次贷危机后，美国总统奥巴马在 2009 年 11 月份的讲话中，提出要增加美国的工业生产和出口，实行"制造业回归"的再工业化。

丰田生产方式发展起来后，在很长一段时间内一直被应用于日本国内，而未得到外界的重视。直至 20 世纪 80 年代，日本在制造业市场上的胜利使美国的制造业陷于危机，困惑的美国人才开始研究日本生产方面的经验。自此，精益管理得到进一步完善和推广。

麻省理工学院教授詹姆斯·沃麦克、丹尼尔·琼斯等人组织了世界上 14 个国家的专家、学者，花费了 5 年时间、耗资 500 万美元，探索大量生产方式与丰田生产方式的差别。后来，美国麻省理工学院的教授专家们在 1990 年出版了论述精益生产的经典著作《改变世界的机器》，正式提出了"精益生产"的概念，使这种管理方式受到全世界制造业的关注和推广。

但是，引入精益流程会遇到诸多难题，首先是必须要有了解、运用精益管理思想和方法的人才队伍。所以，企业中的每一个中层主管应当从了解、运用精益管理思想和方法的角度，学习精益，并将之运用于自己的管理工作中。

案例 1　　　　本田汽车的价值追求

从创业之初，本田汽车一直本着"让世界各地顾客满意"的理念，不断开拓自己的事业。它不仅仅进行开发，还组织销售、制造等流程研究小组，三个部门组成"SED"联合小组，共同合作、共同前进，从而推进业务流程的运作。

这是一种联合工作方式（同时进行技术活动）。SED 的有趣之处就是，虽然有时也发生争论，但当他们加入一个较大的项目时，大家又共同合作下去。这是防止组织发生单人战壕化的业务流程构造，这也是本田特有的。

因而，整个本田公司就成为一个辩证的运动体，这是本田成为优秀的创造型企业的原因。另一方面它也是一个带有某种危险性的组织。比如，根据项目领导的工作状态，研究开发有可能螺旋式下降。实际上他们也经历了从天到地的大起大落，当他们见到地狱时精神又振奋起来。这也是辩证的运动体的例证。

本田曾提出了一个开发理念"升华为世界价值的日本独创"，而且在生产现场以不断完善为目标，追问自己存在的意义。如果本田既追求在竞争中取胜这一相对价值，又意识到绝对价值，那么本田就是坚持"以自己的绝对价值为目标"的代表，所以才会反复不断、永远地进行挑战。

本田汽车公司是在何时正式提出这个观点的呢？

1970 年，研发低公害型 CVCC 发动机时发生了有关相对价值和绝对价值的事情。当时，美国议会公布了防止大气污染法。其中规定，要在五年内将汽车排放尾气中的公害物降到 1/10 以下。

全世界的汽车制造商都说"几乎不可能"。但是，本田宗一郎经理却到处激励说："这是与美国三大汽车制造商并肩作战的千载难逢的机会。"参与研发低公害汽车的工程师们却有别的想法：既不是为了战胜美国三大汽车制造商，也不是为了公司，而是为了给未来的孩子留下一片洁净的天空。正是这种使命感使他们积极进行艰苦的研发工作。

事实上，大多数人的想法往往不知不觉地倾向于"企业本位"，容易追求相对价值。而工作在本田汽车制作一线的工程师们却由于追求绝对价值，率先在全世界研制成功了低公害发动机。

当企业以"在竞争中取胜"这一相对价值为目标时，那么价值实现之时可能就是停止追求之时，也是企业衰竭之时。而追求绝对价值时，这种追求本源的问题却是："我们为什么而存在？"这种疑问既具有普遍性，还与未来有着密不可分的关系。

就这样，"追求绝对价值"这一理念，承载着本田汽车上下一致追求的目标，促使本田汽车一步步成为典型的、优秀的精益制造企业。

理念 1　　　　　　　　　　　　　　价 值 流

价值流是指企业从接受订单到提供给客户产品或服务的所有活动。然而，这些活动中会包括有价值与无价值活动，那些毫无价值的活动也常常为企业带来巨大的成本浪费。因此，我们工作的重点是要找出那些能够创造价值的活动，并对这些活动进行合理地管控，从而构成一条对企业运作将起到关键性作用的价值流程。

我们都知道，企业区别于其他组织的基本特征是盈利性，这是企业存活的基础。那么企业是如何获得盈利的呢？唯一的途径便是通过向客户提供有价值的产品或服务。而更加准确地说，盈利只不过是一种表现形式，企业存活的关键是因为它有存在的价值，这种价值的外显就是企业可以通过产品或服务获得盈利。那么，我们便能够判断一家企业是否有价值。从源头上看，就是对消费者有用。一家企业要是对客户没用，它所生产的产品对客户来说毫无价值，那它也就没有了存在的必要。

到底什么是有利于客户的事？一家企业在进行市场调查和定位的时候，通常是从客户需求分析开始的。但是，并不是每一个企业都能够时时处处从客户的角度考虑问题。因为企业往往会陷入对自身相对价值的追逐中。正如本田汽车的案例，当企业从相对价值的角度出发时，很多事情是被忽略、被放弃的。而本田的工程师们则把工作的价值定位在"为孩子留下一片洁净的天空"。这时候，价值创造的过程将会更加有意义，而最终的结果也会受到更加广泛的认可。

本田提出"追求绝对价值"，苹果提出"主动告诉消费者他们需要什么，不能消极地等待消费者的信息回馈"，这些理念告诉我们，任何一家想要推行精益管理的企业，甚至任何一家普通企业，其生产经营活动的开展都要时刻从客户角度出发，换言之，客户要什么，我们就给他们什么。

所以说，为客户创造价值是企业的立足之本。

案例2 格力创新提升价值

价值并不是天然存在的，而是被人们所赋予的。除了那些因为日益稀缺而愈发珍贵的资源外，我们所能够赋予的价值常常需要亲身去创造，在这个追求价值、崇尚创新的时代，能够站在时代尖端的永远是那些勇于创新的弄潮儿。比如说矗立于国内企业中的那颗明珠——格力。

面对原材料价格上涨，很多空调生产企业因之无力承受而纷纷为产品涨价。但是，格力集团坚持不涨价。然而，若想在产品不涨价的基础上去谋求利润，那么就必须降低生产成本。

通常情况下，企业会通过规模效应来消化掉部分成本，但是这还远远不够。于是，格力总裁董明珠提出要实施技术创新，借助新技术使公司各类产品的成本也被不断地予以压缩，公司的毛利率得到提升。在这种思想的指导下，格力在技术创新方面做出了很大的努力。

一方面，格力电器加强了能效提升方面的研究。以格力电器研发的压缩机为例，其能效与同等压缩机相比，要高出 10%～20%，这就减低了成本、提高了效率。基于这方面的创新，格力在 2011 年的营业收入达到 835.95 亿元，比上年增长 37.48%，实现净利润 52.45 亿元，同比增长 22.67%。

另一方面，格力电器还加强了可替代技术的升级。2012 年，稀土的价格急速上涨。而格力公司通过技术升级，以铁氧系列代替了稀土，实现了变频压缩机的无稀土生产，每台空调节约的成本在一百元以上。如果未来把铁氧再慢慢降低，那么，格力集团在这一方面所节约的成本便可能达到十几亿元。

面对全球原材料市场的价格上升，很多企业都因应对不利而丧失了市场占有率。但是执著于追求价值的格力电器，并没有在市场的波动中随波逐流，而是通过技术创新使公司各类产品的成本不断压缩，实现了全新的升级。

理念2 无处藏身的浪费

在科技迅速发展、消费日益增长，而资源有限、环境恶化的当今社会，浪费已经成为了我们日常生活屡见不鲜的问题。在流程的改善工作中也是一样，我们大家都觉得所有资源都是公司的，自己少用一点，心里就觉得好像吃了亏；或者认为浪费无所谓，反正不是自己的企业……因此，各类浪费现象屡见不鲜。

然而，前面我们提到，创造价值是企业流程的根本目的，浪费无疑是造成价值创造过程受损的关键因素。关于浪费对价值创造的影响主要表现为两点：

（1）浪费增加价值创造的投入。

（2）浪费延长价值创造的时间。

浪费对价值创造的第一个影响表现为增加投入。在不精益的流程管理中，原本可以避免的消耗被忽视，以较低的投入获得较大产出的基本原则流于形式。人们往往自以为很节约，实际上各种浪费现象层出不穷。浪费被隐藏可能出于下面几种原因：习惯，回避问题的本性，只顾自己的片面思维。

人们容易陷入习惯性的做法中，从而导致浪费和问题被掩盖。人们习以为常的事情，就会很少去查看其不足或值得改进之处。比如，在我们要为一批档案袋贴封条时，我们会习惯性地认为先为所有的档案袋涂好胶水，然后再统一贴封条会比较高效。但是，这个过程会导致过多的移动、摆放等无效动作，实际反而不如一次完整地处理一个高效。但是，在没有外力的强制干扰下，很少有人愿意打破习惯，尝试一种新的方法。

比如，有一家公司特意对其生产电脑键盘的 66 道工序进行了一次调查，调查过程如下：

首先，他们把生产过程中的每一道工序记载下来，以确定要记载的工序，并且每道工序的内容都用非常简明的语言加以记录。

接着，对所有的工序进行了分类，例如，熔断、放置新组件、焊接等为产品增加价值的工序被归为一类；登记测试结果、运去检查、等待箱子装满等非增值性的工序被归为另一类。

经过列表统计，该公司发现：生产电脑键盘的 66 道工序中，仅有 21% 的工序是增值的，其余 79% 是可以被去除的非增值工序，亦即精益生产中的"浪费"。

正如案例中所说的，浪费的产生是因为我们缺乏顾客导向思维。这并不仅仅是指按照客户的需求生产产品或提供服务，在价值创造的过程中，还有非常重要的一点，就是从客户的角度考虑，怎么做才是对客户最有价值的。同样，在专业化分工越来越细致的今天，负责为客户提供产品的整个供应、生产、销售过程的各家企业，也习惯从本企业的角度探索高效的方法，而不是以客户为基准、从系统的角度考虑精益的出路。这就导致了对浪费的忽视。

由此我们可以总结出消除浪费的重要途径，就是去除习惯性流程操作，勇于正视问题，同时立足于客户，从客户价值的角度出发评价价值创造的全过程。这样，哪些是不产生价值的浪费就会一清二楚。这些也是我们后文将要详细解读的、贯穿于流程管理的浪费所隐藏的价值。

案例 3 　　　　　　　　　　　争分夺秒的赛道

　　企业一项业务活动的流程往往涉及诸多工作事务。每个节点的工作人员在处理工作中的事务时，经常会忽视彼此间的紧密配合与协作，这就造成了流程运作的失衡与低效。为了打通流程中的各个"关节"，我们要详细地指明每个节点之间的责任关系和程序关系，并采取合理的方法对各节点进行组合管理。正如拼搏于赛道之上的那些"疯狂的家伙们"。

　　F1 赛车维修站的分工协作堪称分工中的经典。每一次赛车进站，都需要 22 位专业人员参与工作。其中，12 位技师负责更换轮胎，每轮 3 人——1 人负责拆、上螺丝，1 人负责拆下旧轮、1 人负责装新轮胎；

　　1 人负责操作前千斤顶；

　　1 人负责操作后千斤顶；

　　1 人负责在赛车前鼻翼受损需要更换时操作特别千斤顶；

　　1 人负责检查发动机气门的气动回复装置所需的高压瓶，必要时需补充高压空气；

　　1 人负责操作加油枪；

　　1 人负责扶住加油枪；

　　1 人负责操作加油机；

　　1 人负责持灭火器随时待命；

　　1 人负责擦拭车手安全头盔；

　　最后一位工作人员负责操作写有"刹车 Brake"和"挂挡 Gear"字样的指示牌。当他举起指示牌时，表示"赛车可以离开维修站"。

　　在案例中，这种分工协作与配合，使得 F1 赛车维修站的工作非常快速。而真正的节奏正是需要我们大家的整体协调与配合，才能够将工作做到极致。

　　可是，我们该如何做到这一点呢？一些人可能会困惑：我已经在配合他人的工作，可是为什么工作效率却没有得到提升？这是因为每个人的工作效率快慢不一，这便使得整个工作流程的节奏也随之磕磕绊绊。我们如果只是按照自己的方式在配合，那么整体的协调性仍然难以实现。

理念 3 　　　　　　　　　　　快速反应

　　快速反应机制是企业通过系统的柔性给客户提供满足精确的数量、质量及时间要求的产品，并以降低订货提前期、人力、物料和库存的成本为目的的市场竞争能力。

可是，快速反应不是一朝一夕就能达到的，需要不断地训练和筹划。该机制的建立不仅要以最基本的数据资料作为支持，前提是这些资料必须是经过提炼的、经得起时间和实际检验的。如果有了这些，我们的工作就会得心应手，达到事半功倍的效果。以下是快速反应机制的具体建立步骤：

动态的数据库

由各个部门的负责人对本部门的资料进行负责，先建立一个检验的办法来验证是否达到了快速而有效的要求，厂内建立基本的数据库。这个数据库是需要随时更新和完善的，是一个动态的存在。

部门协调评估系统

如果每个部门都做好了，那么整体的效果就会更好；如果各自为政，缺乏统一的管理，就不能形成一个强有力的拳头，无法快速应对突发的情况；要衔接断层，说起来容易，做起来很难，由谁来对断层进行衔接，评估这个过程的有效性？考核工作的有效性，这一点至关重要，不能从单一的角度去考核和评价，应该建立一个综合的评估系统，这样就会更有针对性和客观性。

工作细节的持续改进

有许多过程是无效的，却浪费了大量的人力物力，评估之后取出那些无效的过程，坚持做下去，也就是我们常说的持续改进的一部分了。持续改进工作至关重要，因为我们的工作流程中，总会有影响工作效果的细节存在，更为严重的是有些过程存在着很严重的漏洞，这些就是我们持续改进的工作重心。

人才培养机制

建立项目经理负责制，这样做既锻炼了队伍，也为下一步发展做好了人员的储备；其实，在我们的企业中，有许多可用的人，通过打破体制的限制，这些人能够很好地加以启用，这为企业开拓了一个广阔的平台，对企业以及个人都是更大的发展。

快速的生产能力或服务能力有赖于企业各部门间的紧密合作，通过各部门间作业模块（工序作业）的快速对接，最终提升企业的市场响应速度。在生产企业中，工作对接是指从一项工序过渡到另一项工序的转变过程，涉及的因素包括工序之间的距离、搬运量以及搬运时间等。

快速反馈赢得先机

比尔是美国一家移动电话生产线的项目主管，主要负责生产的计划制定、实施和监督等工作。一次，他在同欧洲分公司交流技术时发现，他们生产的同一产品在欧洲的生产成本要低得多。于是，他立即上报生产经理，得到许可后，他与欧洲的项目主管取得了联系。

比尔通过电话与德国分公司的负责人奥尔加详细讨论了这一问题，后来得知：欧洲生产商使用的是亚洲的一家原材料供货商所提供的原材料，价格比欧美供货商低得多。比尔将这一信息上报生产部经理，并提议更换供货商。不久，公司通过了这一提议。很快，美国公司的产品生产成本也随之降至德国公司的同一水平。

再后来，比尔和奥尔加商量在公司内部建立一个共享文档，即"问题库"，以记录他们对生产方法所作的改进。这一计划实施后，公司在欧美两地的生产部实现了即时信息共享，生产业绩得到了很大提高。

案例中，比尔在发现重要的商务信息时，第一时间反馈给总部，使自家产品的成本大大降低。经过此事，公司内部专门建立了一个"问题库"，不断为公司的生产部门提供即时信息，使生产业绩也大幅提升。

在对流程进行精益管理时，我们也有必要这样做——在工作过程的适当阶段或节点进行反馈，辅助企业决策管理层做好决策，这实际上也是管理人员应该具备的一种职业素质。

第3节 精益流程的观念

管理学大师加里·哈默尔指出，"目前企业的现状基本上是 21 世纪基于互联网的商业流程、20 世纪中期的管理流程和 19 世纪的管理原则的三位一体"。要想在 21 世纪生存下去，企业必须将运作方式从"以职能为中心"转变为"以顾客为中心"。

然而，很多人依旧认为"做精益化"就是控制企业成本，而企业成本控制是无须与客户打交道的，所以，"如何为客户创造价值"自然与"做精益化管理"毫不相关。其实，这是一个思想误区。企业需要明确的是，在将产品从生产到销售给客户的过程中，除了必须拥有生产产品的场所、生产者、机器设备和生产原料外，还有一个非常关键的要素，就是最终购买产品的客户。

因此，整个企业组织将围绕业务开展的整个过程，迅速组织所需的资源，高质量地完成任务。部门之间的"边界"不再存在，各个部门的人员直接参与到业务流程运作当中，实现紧密协同工作，不受固有组织结构的制约。这也意味着，企业组织结构不再是固定的，其中的各个岗位完全是应业务需求而设立的，随着业务的产生而来，随着业务的结束而去，时刻处于动态变化状态。

案例1	排队系统的应用

过去，在银行办理业务时，拥挤不堪的窗口是最让银行管理人员头疼的一件事。因为这样不仅浪费了客户大量的宝贵时间，还给每位客户留下了办事效率低下的坏印象，可谓百害而无一利。

现在，我们走入银行的大厅却很少能够看到拥挤的场面，而是一个个在座椅上悠闲等待的客户。这种改变完全是由一个摆在大厅入口处的排队机实现的。

排队机是为部队、政府、金融、医院、邮政、通信、工商、税务、保险、交通等多个行业领域提供的服务终端。长期以来人们在服务大厅里办理各项服务业务时排队等候人数过多，前拥后挤地排队等候，有时排队在一小时以上甚至更久，极大地不方便办理业务的顾客，为改善服务质量、树立良好形象，解决劳累的排队现象、创造人性化服务环境，引入了排队机，它能够很好地解决客户在办理业务中所遇到的排队、等候、拥挤和混乱等现象，真正创造舒适、公平、友好的等候环境。用排队机，配以辅助制度，就能较好地化解"排队之乱"。从表面上看，各大服务厅引入的只是一种机器，但实质上是一种全新的管理机制，它以先进科技保证公平公正，从而最大限度地限制不文明行为。

排队系统又称服务系统。服务系统由服务机构和服务对象（顾客）构成。服务对象到来的时刻和对他服务的时间（即占用服务系统的时间）都是随机的，为一最简单的排队系统模型。排队系统包括三个组成部分：输入过程、排队规则和服务机构。

输入过程

输入过程考察的是顾客到达服务系统的规律。它可以用一定时间内顾客到达数或前后两个顾客相继到达的间隔时间来描述，一般分为确定型和随机型两种。例如，在生产线上加工的零件按规定的间隔时间依次到达加工地点，定期运行的班车、班机等都属于确定型输入。

排队规则

排队规则分为等待制、损失制和混合制三种。当顾客到达时，所有服务机构都被占用，则顾客排队等候，即为等待制。在等待制中，为顾客进行服务的次序可以是先到先服务，或后到先服务，或是随机服务和有优先权服务（如医院接待急救病人）。如果顾客来到后看到服务机构没有空闲立即离去，则为损失制。有些系统因留给顾客排队等待的空间有限，因此超过所能容纳人数的顾客必须离开系统，这种排队规则就是混合制。

服务机构

该机构可以是一个或多个服务台。多个服务台可以是平行排列的，也可以是串联排列的。服务时间一般也分成确定型和随机型两种。例如，自动冲洗汽车的装置对每辆汽车冲洗（服务）时间是相同的，因而是确定型的。

理念 1　　　　　从制造业到非制造业

排队系统就是一种服务流程精益化的体现，它通过有序地分解流动单元，确保每个流动单元都能够得到公平、合理的服务。正如上面的案例开头所说，该系统已经广泛应用于多个服务领域，可谓是将精益流程带入了一个更为广阔的领域。那么精益流程的观念仅仅存在于人们的工作与生活当中吗？对于这样的疑问，我们一起来看下面的一则新闻报道。

2006 年 6 月，美国宣布击毙本·拉登的副手扎卡维。根据情报，扎卡维于 6 月 7 日夜晚会在巴格达郊外出现。于是，美军迅速派出一支特种部队小组预先前往指定地点进行埋伏。待扎卡维到达后，特种部队小组立即呼叫空军支援，而彼时正在附近巡逻的两架战机立刻响应，并向扎卡维所处地点发射了至少 2 枚激光制导导弹，同时特种部队也发射出激光束，指引导弹更加精确地命中目标。轰炸后，特种部队上前查看目标的情况，最终确认扎卡维被炸死。

如果从流程的角度看，这则新闻就是一个经典的流程管理案例。我们可以用企业最熟悉的语言来重新描述一下这条流程：市场部（美军情报部门）长期跟踪潜在客户（恐怖分子），对目标市场（巴格达地区）加以定位；而销售部（地面特种部队）在与潜在客户签订合同（现场确认恐怖分子）后，立即将紧急订单通过相关信息系统（卫星电话及系统）发送至生产部（美国空军）；生产部对这个高优先级的订单予以紧急处理，并及时发货（导弹），货物终于准确送达客户手中；最后，销售部对客户进行了回访（确认死亡），确认订单的履约率。

从这则反恐新闻背后的流程中，我们也可以解读出流程的作用以及其与业务的关系。精益流程对时间、成本、目标有着更为卓越的要求，它希望在更短的时间内，利用更少的成本，达成更高的目标。这对任何行业来说不仅是一种挑战，也是一条极为关键的通道。

案例 2　　　　　　　　　　疏于管理的业务流程

业务流程管理是一种以规范化地构造端到端的卓越业务流程为中心，以持续的提高组织业务绩效为目的的系统化方法。因此，也有很多企业为了提升自身的业务流程管理，引入了一系列更加合理、科学的方法，却并未获得如期的回报。

在汉普顿饭店有这样一条规定，它向顾客保证："如果您对我们的服务感到不满意，不论是何种理由，您都无须付款，每名员工都被授权来执行我们的保证。"

无疑，公司授权的初衷是好的，但由于饭店在赋予员工权利的同时，并没有设计制衡机制，故而在制度运行中遇到了很多问题，甚至给公司带来了麻烦。

比如，依据这项授权方案，员工可以不经上报，便直接为顾客办理退费手续。这种便利使一些员工经常给自己的亲属或朋友过多优惠，甚至免单。这种员工权力的滥用给公司带来了极大的经济负担，甚至超出所能承受的范围，公司运营一度陷入危机。

案例中的业务流程本应能够帮助企业更好地服务于客户，使每个客户都能够获得价值提升的满足。但是，倘若流程失去了有效、及时的管理，便难以实现业务流程所能带来的效益。

理念 2　　　　　　　　　　从业务到管理

如同人体的血脉依靠心脏提供动力一样，业务也需要通过流程的管理来驱动。流程管理根据一定的条件将相关的信息数据从一个环节输送到其他环节，得到相应结果后再返回到相关的环节，从而实现闭环管理。不同的部门、不同的客户、不同的人员均依靠管理流程来协同运作，流程在流转过程中可能会带着相应的数据——文档、服务、财务数据、任务、人员和客户等信息进行流转。如果流程流转不畅，定会导致企业运作不畅。

虽然目前很多企业都已意识到"为业务建立管理流程"对企业运营管理的重要性，不过，根据多年从事业务流程咨询工作的经验，我发现不少企业的业务管理流程中普遍存在着以下问题。

经研究得出，约有 80% 的企业流程运作处于闲置状态。这段时间主要耗费在等候、按顺序执行、传输或追踪状态之上。这段停滞时间无法为企业创造任何有效的价值。而只有 20% 的时间属于切实执行的作业时间。这些停滞时间大多是因各流程之间的衔接不佳和信息传递不畅所导致，其根源即是没有建立起统一的流程管理体系。

对此，企业在建立业务管理流程时必须有步骤地进行，以此保证业务管理流程的顺利开展。

搭建企业统一的业务流程架构：建立一套统一的、涵盖所有业务活动的流程架构，打破流程的部门化，建立流程的衔接体系。建立流程的分类和分层体系是搭建业务流程架构的重点，这样一来便可清晰展现企业业务的分类、层次和逻辑。

建立业务流程管理系统：基于业务流程管理系统，建立统一的业务流程描述方法和规范，根据已建立的业务流程架构，对所有业务流程进行梳理、补充、完善和优化。

建立统一的业务流程管理制度：成立专门的部门来担任业务流程管理的工作，或者指定相应部门来负责进行业务流程的持续改进工作；同时，也要建立起业务流程设计、发布、监控、优化和变更等方面的流程和制度。

📚 辅助阅读

业务流程需要有效管理

IBM 信贷公司（IBM Credit Corporation）是为 IBM 公司（IBM Corporation）的计算机、软件销售及服务提供金融支持的企业，其运作是彻头彻尾的冗长烦琐。销售人员电话请求资金支持，接电话的人把电话记录下来。随后，记录转给信用部门检查资信情况，再转给营业部修改标准贷款协议，然后转给信贷员确定利率，最后转给一个工作组制定报价单，再交给销售人员。

整个过程要花整整 7 天。太长了！这 7 天中，顾客很可能被另一家计算机推销商给拉走了。

两位高级经理突发奇想。他们拿了一份请款单，挨个办理上述五个步骤，全部手续只用了 90 分钟。由此可见，其余时间全耗在部门之间传送表格上了。问题不在于工作本身，也不在于做工作的人，而在于整个流程结构。

后来，IBM 信贷公司用通职办事员取代了资信调查员、信贷员等专职办事员。现在，请款单不再从一个办公室转到另一个办公室，一位称为业务主办的人自始至终处理全过程，中间无须传递。这样，IBM 信贷公司把请款时间由 7 天减为 4 小时。人手没有增加，业务量却增加了 100 倍。

案例中，IBM 信贷公司通过分析自身的业务流程，发现了一个惊人的浪费——耗时 7 天的请示任务。这么一个简单的业务流程却要花费太多人力与时间，给公司的运营带来了严重的滞后。

　　管理者通过对流程进行简化之后，工作效率有了明显改善，业务效益也提升了 100 倍。因此，我们完全有必要这样做——对工作过程中的浪费进行仔细分析，寻求精益改善的良方。

案例 3　　　　　　　　　　　体验带来价值

　　如何才能为顾客创造价值？为了追寻这个问题的答案，很多商家都在不断地挖掘着更低的价格，渴望能够更快地占领眼前的市场。然而，在以利益为目标的追逐中，有些商家发现消费者对商品或服务价值的体验显得越来越重要，可另一些商家却对这一观点并不重视，认为价格战始终是决定胜负的主导。

　　从前有两个兄弟，两人各自经营自己的旅店，一个在城南，一个在城北。其中，哥哥经营的旅店效益很差，不得不歇业整顿。而弟弟的旅店却生意兴隆。

　　哥哥困惑不解，跑来向弟弟请教："我们的旅店规模一样大，地点也都在城里最繁华的位置，为什么你的生意这么好，而我店里却客人越来越少呢？"

　　弟弟笑着说："如果你有时间去我那里住一天，你就会全明白了。"

　　哥哥听了这番话有些困惑不解，但第二天还是去弟弟的店里住了一天。一天后，哥哥对弟弟说："我终于明白了。"

　　原来，两人的店在许多方面都没有太大区别。但是，弟弟的店里，客人只要一进店就会受到热情的接待，弟弟总是礼貌耐心地解答客人的询问，即使客人没有选择住下，弟弟也会礼貌地将客人送出旅店。而住在这里的客人都会得到弟弟的周到服务，物品摆放整齐，随手就能找到，并且定时都会进行整理。

　　而哥哥的旅店虽然知道应该怎么去做，但对于客人很是怠慢，物品随意摆放，很长时间不去收拾整理房间，很多客人住过一次后就再也不来了。而哥哥的旅店也因此口碑越来越差。

　　哥哥找到了问题根源后，回到自己店里大加整顿，生意逐渐兴隆了起来。

　　事实上，弟弟在管理旅店时并未采用多么高超的管理方法，并且这些方法，哥哥也是了解且是能够做到的。两人行为的不同之处便在于：弟弟的行为更认真，并力求将经营中的每一个细节都做到位，为顾客营造最佳的生活体验。

理念 3　　　　　　　　　　从内部活动到顾客价值

　　客户体验是每个公司都在不断完善的任务，使小到一家个体经营，大到百度、搜狐、腾讯这些重视客户体验的公司在全球市场上大获成功。这一理念也日益流行，几乎是每一个企业都重视的。无论所处何种行业中，企业的客户体验都不是单点覆盖的，而是由多方面组成的，一般会包括品牌形象、产品、服务以及用户付出的金钱成本、时间成本等。正是这所有用户接触的感受差异，构成了用户对一家公司独特的体验认知。在这一贯穿售前、售中、售后的长链体验中，客户体验无疑变成了公司业绩的重中之重。

根据一项数据调查，在遇到互联网类业务问题时，会考虑与客服中心联系的用户不到10%，而实际采取行动来联系客户的用户更不到1%，可见后期网站的完善性也是非常重要的，当然因为互联网公司用户规模通常都很大，例如淘宝网用户数在2010年3月5日调查的一项数据点击量已经每天突破2亿，即使是1%的用户向客服中心寻求支持，其绝对数量也甚大，相应的坐席运营压力也是很大的，但这个相对比例偏低，就意味着传统客服中心的一个重要价值点——当客户抱怨得到满意受理时，客户的忠诚度反而比普通用户更高——在互联网客服中心体现得并不明显。这里说的并不明显，并不是说帮助客户高质量地解决抱怨问题，毕竟与客服中心要为客户提供的数量来说比重太小了，导致对整个公司来说这项增值业务在客户体验管理流程中显得不再突出。

那么在客户体验管理中有没有新的增值点？——"主动服务"，这是针对公司业务特点提出的。客服工作者在受理用户的咨询投诉单之外，还要具备针对受理用户资讯投诉的问题进行敏捷分析和业务情景体验的能力，并推动前端产品的优化。这样带来的益处是显而易见的，这样我们不仅能够直接服务到来客服中心求助的用户，还能够从这些客户中分析出产品的优缺点，甚至是满足客户潜在需求的新功能点，挖掘出潜在的需求，促进更进一步的业务范围。当产品前端完成这些优化的时候，那99%并未接触客服中心的用户体验也立即得到改善。优化后客户体验点不再成为用户流失的威胁，甚至在很多时候这些细节上的改善会给用户带来大惊喜，反而成为同类产品的竞争优势。而客服中心的工作自然地渗透到客户体验管理的整个流程。

可见主动服务在呼叫产业中不管是在客户体验、产品销售、客服工作以及售后服务中都有很大的潜在效益，主动服务投入的边际效益高，并且符合客服中心的价值定位，可实现用户和产品客服的共赢。

辅助阅读

麦当劳关注顾客感受

以麦当劳为例，他们通过制定相关制度、改进设备以及改善服务流程来提高服务效率，满足客户需要。比如，麦当劳的菜谱非常简单，一般只有9类食品左右，每类食品再分成 2～3 个规格，这样就节约了客人选择的时间，无形中提高了客人选择环节的效率。在客人点餐时，收银员还会向其推荐某种"套餐"（因为如果客户购买套餐，通常就不需要再选择其他食品了，这也是提高效率的一种方法），或推荐其他食品，以协助客户做决定，缩短客户点餐的时间。另外，当客人排队人数较多时，麦当劳会派出专门人员帮助正在排队的客人预点食品，待该客户到达收银台前时，只需将点餐单提供给收银员即可，大大提高了点餐的速度。

连续多年在世界 500 强中排名第一的沃尔玛，有人将其成功经验总结为三条，即：低价策略、日落原则和微笑服务。这三条秘诀其实也可以归纳为一条，那就是优秀的客户文化。沃尔玛的创始人山姆·沃尔顿曾对他的员工说："客户能够解雇我们公司的每个人，他们只需要到其他超市消费，即可做到这一点。衡量我们成功与否的重要标准其实很简单，就是我们让客户满意的程度。"

第**2**章

　　精，不投入多余的生产要素，只在适当时间生产必要数量的市场或下一道工序急需的产品；益，所有经济活动都要有效，推行生产流程的均衡化、同步化，实现零库存与柔性生产，减少和降低任何环节上的浪费，最终实现拉动式准时化生产。

第 1 节　流程变形记

经济学中，有关于生产力与生产关系的这么一段描述：生产力决定生产关系，有什么样的生产力，就会有什么样的生产关系与之相适应。生产关系对生产力有反作用，当生产关系与生产力的发展要求相适合时，它就会促进生产力的发展；当生产关系与生产力的发展要求不相适应时，它会阻碍甚至破坏生产力的发展。

企业的组织结构与流程的关系也是如此，倘若企业的组织结构无法保证业务流程的顺畅运作，则必然给整个企业的发展造成严重阻碍。然而，很多管理者认为：我们公司是按职能部门来设置组织架构的，也针对每个部门的具体情况制定了许多规范性文件，并规定了详细的工作流程，这种管理方式不是理所当然的吗？

案例 1　　　过度集权累死整个王朝

由科学管理之父——弗雷德里克·温斯洛·泰罗创立的金字塔型组织是立体的三角锥体，等级森严，高层、中层、基层是逐层分级管理，这是一种在传统生产企业中最常见的组织形式。而这一组织形式体现得最为极端的便是封建王朝的君权专制，一个承袭了数千年的社会组织形式。

据史料记载，明朝最后一位皇帝崇祯皇帝，其在位 17 年里不贪财、不好色、不懒惰，身体也够好，精力也旺盛，却偏偏成为亡国之君。除了社会矛盾与政治矛盾一并爆发外，这在很大程度上也与其刚愎自用、多疑猜忌、对臣子极端不信任有关。据称，即便是对远在千里之外对李自成、张献忠的战役计划，他也会直接部署指挥。

他还会给每一名官员安排具体工作，而官员们在他的耳提面命之下，却往往做出南辕北辙的事。此时，崇祯暴露出了他残暴的一面——据统计，崇祯在位17 年，换了 50 位内阁大学士，14 位兵部尚书；杀死或逼得自杀的督师、总督多达 11 人，杀死巡抚 11 人、逼死 1 人。而被抓进监狱关押、殴打、间接逼死、战死、自杀、判刑的官员更是多得不计其数。

可以说，崇祯皇帝在人才管理上不愿放权，完全是在自毁长城；对臣子疑神疑鬼，连皇太极最惧怕的袁崇焕督师也因崇祯皇帝听信谗言而将其杀害，这导致其最终自食恶果，成了亡国之君。

在对世界历史的研究中，有人曾把组织结构的建立称为是人类进入文明社会的标志。而金字塔型结构的出现，是充分体现了权力的组织结构，也是存在时间最长的组织结构。

金字塔型组织是立体的三角锥体，等级森严，高层、中层、基层是逐层分级管理，这是一种在传统生产企业中最常见的组织形式。在计划经济时代，该结构在稳定的环境下，在生产力相对落后的阶段、信息相对闭塞的时代，不失为一种较好的组织形态，它机构简单、权责分明、组织稳定，并且决策迅速、命令统一。

但在市场经济条件下，在信息技术发达的今天，金字塔型组织结构则由于缺乏组织弹性，缺乏民主意识，过于依赖高层决策，高层对外部环境的变化反应缓慢，而凸显出刻板生硬、不懂得应变的弊端。

传统组织的特点表现为层级结构。一个企业的高层、中层、基层管理者组成一个金字塔式的形状。当企业规模扩大时，原来的有效办法是增加管理层次，而现在的有效办法是增加管理幅度。当管理层次减少而管理幅度增加时，金字塔型的组织形式就被"压缩"成扁平状的组织形式。

首先，基层管理职员：staff。团队里的士兵负责一个很具体的客户或一件独立业务，代表的是公司业务体系中的点。

中层管理者：监督员工按照一定的时间、一定的质量完成一定的工作。他是一些相似的同方向的点的汇总，那些点构成组织的业务线，他是监督者。

高层管理者：把不同资源的不同目标相结合，有时需要交叉使用资源，就是不同的线构成的面上面的工作。

理念 1　　金字塔型结构

在企业的各种流程中，每个高一级的流程都是由低一级的流程构成。每个流程都可以细分为每一项作业，每一项作业再往下细分，又可以细分为相互联系的任务。

例如，"小组会议室检查"这一作业程序可划分为以下三个步骤：

第一步：确保有足够的椅子；

第二步：保证每个杯子里都有水和冰块；

第三步：确认桌子上放好了记事本和笔。

这样一来，流程被精确划分到了最基本的单元。由此可见，对流程进行分级可以使流程管理趋于清晰化、精细化，同时管理者也能更好地识别企业的流程，进而可以有效地规划企业的流程。

但是，一直以来，对于流程层级的划分，可谓见仁见智。根据业务流程具体所解决问题的对象属性，企业的流程通常可以划分为战略决策层、经营管理层、项目执行层和具体操作层。四个层次从高到低呈金字塔结构（如图 2—1 所示），组织结构的每个层次之间紧密相连，但各自的工作内容又相对独立。

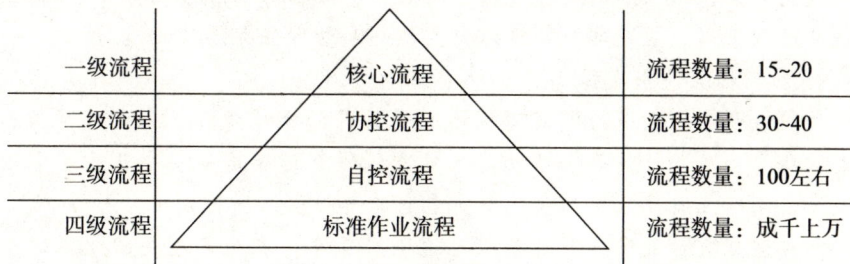

一级流程	核心流程	流程数量：15~20
二级流程	协控流程	流程数量：30~40
三级流程	自控流程	流程数量：100左右
四级流程	标准作业流程	流程数量：成千上万

图 2—1　流程管理金字塔

这种完善的流程组织框架具有以下作用：

（1）有利于企业业务流程运作的系统化管理。

（2）有利于对流程运作进行有效的实时管控。

（3）有助于企业进行业务绩效的持续改善。

辅助阅读

流程层级具体说明

1. 一级核心流程

一级核心流程是企业管理中最重要的流程，是企业与外界环境之间信息的交换和工作的交接。这类流程的操作往往与企业高级管理人员相关，流程的运行一般都会涉及企业的大多数部门。因此，核心流程往往涉及面广，一旦设计出现偏差或执行不力，就会引发企业整体的经营管理问题。

核心流程数量不多，但都非常重要，且位于流程管理金字塔的顶端。

2. 二级协控流程

二级协控流程基本上是规范企业内部工作任务流转的流程，涉及不同部门间的信息交换和工作交接。例如采购管理流程，从物品需求部门提出采购要求，到采购部门完成采购工作，再到仓储部门管理采购的物品，最后将采购入库的信息传递到物品需求部门，采购管理流程涉及三个不同部门间的信息交换和工作交接。

这个层级的流程相对一级核心流程要短一些，牵涉的面不是很大，关联的部门也不是很多，但包含的流程要多一些。

3. 三级自控流程

三级流程主要是中基层管理任务跨部门执行的流程，这类流程基本上是一个职能部门内部工作执行的步骤。例如，生产管理流程就是生产部门从生产计划到生产产品入库的一个过程。虽然这条流程与很多部门存在一定关联，但就其过程来说，生产部门是可以自主控制和管理任务流转的。

4. 四级标准作业流程

四级流程基本上是为完成岗位作业而设计的操作步骤，如设备清洁、井站巡回检查、原油计量等。另外，此类流程还有可能是一些企业基于管理层级关系，而对三级流程中部分环节所采取的进一步细分的流程。

四级流程数量最多，有时甚至可达到数千个。在生产型企业中，一个技术标准的操作往往就是一个技术流程，一项作业操作往往就是一个作业流程。

一般来说，企业管理流程的具体数量取决于企业的管理规划、任务的复杂程度、任务间的影响程度、企业规模的大小、层级的多少等。当然，企业内管理人员的能力和规范程度也会或多或少对其有一定的影响。

案例 2　　　　　　　　　　　　**海尔集团的业务流程**

美国在从事阿波罗航天计划时，发明了矩阵式组织模型，而后被广泛使用到商业组织中。这是一种强有利于跨组织、跨部门协作和总部信息共享的管理组织形式。它的管理核心是不仅能够围绕着项目的推广，把握住市场的动态，还可以按其业务的战略规划、发展策略把握商机。

以海尔集团为例，在战略流程上，公司总裁张瑞敏提出了"名牌战略"思想，坚持采用新产品开发设计、技术研究突破、兼并控股及国际化等手段；在经营流程上，海尔集团注重精细化，从生产到销售的每一个细节都严格管理，面面俱到；在支持流程上，海尔集团重视对人才的管理，并且建立了一套完善的信息管理系统和后勤保障系统。通过这些流程设计，海尔从一个亏空 147 万元的企业迅速成长为中国家电集团中产品品种最多、规格最全、技术最高、出口量最大的企业。海尔的成功告诉我们，必须在企业流程的每一层级上都有所作为，否则，企业难以成功。

海尔集团职能管理职能被分成了三个层面：战略层面职能，主要由决策委员会承担；专业化策略和运营管理，则落实到业务单元、子业务单元和运营单元；具有共性的总部管理职能，如财务、人力资源、IT 等按照管理和服务的性质不同，分别由垂直的总部职能线条和共享服务中心承担。其中共性的、事务性的、交易层面的职能，则一般由集团层面或区域层面的共享服务中心提供。应用标准流程和技术执行总部的规章和制度，确保一致的标准，并提升职能服务水平和有效地进行风险控制，克服人为和主观的因素。

作为一个中国传统企业，海尔能够如此迅速地建立企业流程的科学管理模式，完成组织结构的转型，可想而知，需要付出巨大的努力来实现这一目标。

集团总部在管理理念上的转型是首要条件

在管理理念上承认矩阵式管理对企业避免个人决策风险和以机制进行管理带来的好处，逐渐建立透明、平等、民主和协作的决策文化和理念，接受合理、标准化流程和制度的运转对个人权利和风险的制衡作用。

企业的领导力建立也将从管理和批准转型为以创造价值为核心的洞察决断力、网聚人脉能力、执行不怠能力、业务管理能力的综合体现。

以业务单元为主线进行管理，强化业务线条权责

从目前职能管理的模式转变为以业务线条为核心的业务板块流程模式，做到每个业务流程及下一级细分业务的价值有人负责与管理，确保业务流程的组合管理清晰、简化。

对于多元化的业务集团，考虑专业化管理的话语权和决策权，总部管理定位上移，更多关注总体的战略发展方向和业务组合，而将业务单元的发展和绩效优化的权力下放到运营单元层面，业务单元成为业务决策和卓越绩效中心。

同时强调权责利的统一性，赋予业务单元战略规划、投资决策、预算编制和人员任免的权力。在此基础上，配置相应的资源，并按照责任设置相应的绩效考核指标。

总部职能的另一个转型是将简单的审批和统计角色转化为统筹的分析、优化和决策辅助职能。从集团战略、业务组合、协同运作创造价值和竞争力的角度对内、外部的资源进行分析、整合，实现协同效应和价值最大化。分析手段、标准化整合的数据库是承担此角色的基础支撑。

建立 CXO 制，完善职业经理人决策委员会机制

管办分离，利用共享服务中心提高数据和操作流程的标准化及透明度，提升服务质量和效率，控制漏洞和风险。

总之，中国企业需要转变观念，借鉴优秀公司在企业的业务流程模式方面的成熟经验，结合企业自身的优势和特点，创建有效的组织管理模式，支持新一轮战略发展，实现国际竞争力和世界一流企业的愿景。

理念2 　　　　　　　　　　　　矩阵模型

当企业发展到一定规模或阶段时，必然会出现产品多元化、市场更加分散、业务更加繁杂、部门更加庞大的结果，日常运营中各种各样的事务会交叉影响。如果企业的组织结构没有及时得到调整，仍然采用金字塔型的中央集权制或单一的管理体制，企业的运营就可能会发生紊乱：内部信息传递缓慢、客户的请求无人顾及、新产品研发的机会错失、上级部门与上级部门步伐不协调等问题会逐一出现。

在这种情况下，以产品或以服务来划分部门等单一的管理方式已经无法适合企业复杂的运营环境，企业需要更加柔性的管理，以使其各项业务得到更有效的监控。矩阵管理恰好能够弥补对企业进行单一划分带来的不足，把各种企业划分的好处充分发挥出来——矩阵结构则通过横向及纵向的管理方式，通过跨职能部门的设立，强化彼此间信息的流通，更加灵活、有效地协调各项不同业务的发展。

矩阵式管理是指通过横向联系和纵向联系的管理方式，平衡企业运营中的分权化与集权化问题，使各个管理部门之间相互协调和相互监督，更加高效地实现企业的工作目标。这种组织结构是在克服单项垂直式组织结构缺点的基础上形成的，其最大的优点就是信息线路较短、信息反馈较快、提高工作效率而降低成本、强化组织的应变生存能力。它能够加强企业各个活动单元的联合、协调、共享、互动，从而形成一个有机的整体。这与流程化管理的理念极为贴合。

目前，这一结构被许多全球性大企业如 ABB、杜邦、雀巢、菲利普·莫里斯等所采用。矩阵型组织结构模型如图 2—2 所示。

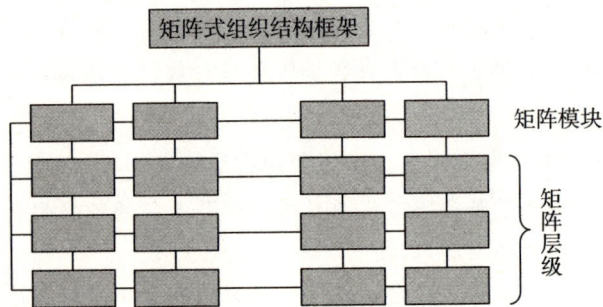

图 2—2　矩阵型组织简化结构

矩阵式结构就是在直线职能之垂直形态组织系统的基础上，再增加一种横向的领导系统。以国内的李宁体育公司为例，就采用了这种管理组织结构，如图 2—3 所示。

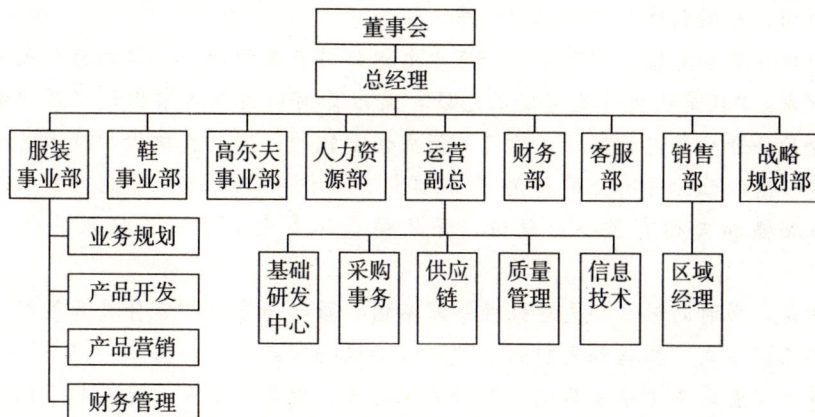

图 2—3　李宁体育公司的矩阵型组织结构

从企业运营的角度看，矩阵管理有三大优点：一是资源共享。在矩阵管理中，人力资源得到了更有效的利用。研究表明：一般用这种管理模式的企业能比传统企业少用 20％的员工。二是提高工作效率。企业可以在最短的时间内调配人才，组成一个团队，把不同职能的人才集中在一起，解决一些复杂的高难度问题。三是员工的综合才能得到锻炼。由于员工能有更多机会接触自己企业的不同部门，对提升其综合才能有帮助。成功的矩阵管理必须有相对完善的管理基础和团队作支持，才能发挥其优势。

案例 3　　　　　阿米巴虫的经营之道

在拉丁语中，"阿米巴"是单个原生体的意思，属原生动物变形虫科，虫体赤裸而柔软，其身体可以向各个方向伸出伪足，使形体变化不定，故而得名"变形虫"。而变形虫最大的特性是能够随外界环境的变化而变化，不断地进行自我调整来适应所面临的生存环境。

阿米巴虫的生存之道启迪了稻盛和夫，使他首创独特的阿米巴经营模式。而凭借着阿米巴经营模式，稻盛和夫使得京瓷企业集团历经现代史上 4 次经济危机而屹立不倒，成为全球企业界的神话，也是日本大企业中的唯一。

1955 年从鹿儿岛大学工学部毕业的稻盛和夫，有幸进入生产高压电流绝缘体的松风工业公司。在那里，稻盛和夫从事当时属于新领域的新型陶瓷研究工作，并成功实现了商业化。但之后，由于与新上任的研究部长在新产品的开发问题上分歧，稻盛和夫决定辞职。

离开松风工业之后，稻盛和夫在许多朋友的支持下，和一起从松风工业辞职的 7 位同仁共同创建了京都陶瓷公司。

公司在启动阶段，得到了时任宫本电机公司专务的西枝一江的格外关照。西枝一江说："我是认为你有坚定的想法，看准你有前途，才拿出钱来帮你组建公司。今后将开始公司的经营，你可不能成为金钱的俘虏。我把你的技术看作是你的投资，所以让你持有公司股票。"就这样，西枝一江从一开始就用技术投资的方式让稻盛和夫拥有了公司股份，并让稻盛和夫走上了一条持股的经营者的道路。

但是，当时的稻盛和夫对经营一窍不通，所以一直为"靠什么开展经营"而苦恼不已。不久，稻盛和夫想到了"人心"这一京瓷创业的基础，以"人心"为基础开展经营，不是很重要吗？人心变化无常，但是一旦人心连接起来的话，将是世上最坚不可摧的，历史上依靠人心成就伟大事业的例子不胜枚举。

在公司创建的第二年，京瓷招收了 10 名刚从高中毕业的新职员。他们在工作了一年左右，开始熟悉工作的时候，突然找到稻盛和夫，强烈要求改善待遇。

在招聘时，稻盛和夫就曾对他们说过："我虽然还不知道公司能发展到什么程度，但是我想从现在开始拼命工作，把公司打造成一个了不起的公司。你们打算在这样的公司干吗？"尽管如此，一年之后，他们仍然提出"如果你不保证我们的将来，我们就辞职"。

"不能接受你们的条件"，稻盛和夫斩钉截铁地回绝了。公司经营才两年，如果为了留住员工而答应"保证将来的待遇"的话，那是在撒谎。稻盛和夫对这些年轻员工说："为了将来的待遇能比大家要求的更好，我会竭尽全力。"

但是问题没能在公司里得到解决，之后谈判一直持续到深夜，他们决不妥协。稻盛和夫反复强调，"我丝毫没有站在经营者的立场、只顾自己好就行了的想法，我想让加入这个公司的你们觉得自己的选择没有错。"

谈判一直持续了三天三夜，大家总算信服了，并留在了公司。但自从经历了这场谈判，稻盛和夫不得不重新思考公司存在的意义，即使是这么小的一个公司，年轻员工也是把自己的一生都托付给了公司。

心情沉重地苦思冥想了数星期之后，稻盛和夫终于明白了："虽然起初我是为了实现一个技术人员的梦想而创办了公司，但是一旦公司成立之后，员工们是将自己的一生都托付给公司。所以公司有更重要的目的，那就是保障员工及其家庭的生活，并为其谋幸福，而我必须带头为员工谋幸福，这就是我的使命。"所以稻盛和夫把"应在追求全体员工物质与精神两方面幸福的同时，为人类和社会的进步与发展做出贡献"定为京瓷的经营理念。由此，京瓷明确了其存在的意义。

如果员工也把京瓷当作"自己的公司"，把自己当作一个经营者而努力工作，那么，雇主和员工的关系不是经营者与工人的关系，而是为了同一个目的而不惜任何努力的同志，在全体员工中间萌生出了真正的伙伴意识。事实也是如此。

在京瓷公司成立 5 年后的 1964 年，为了保持公司的发展活力，稻盛和夫独创了阿米巴经营方式。

阿米巴经营是指将组织分成小的集团，通过与市场直接联系的独立核算制进行运营，培养具有管理意识的领导，让全体员工参与经营管理，从而实现"全员参与"的经营方式。

京瓷公司就是由一个个被称为"阿米巴小组"的单位构成。与一般的日本公司一样，京瓷也有事业本部、事业部等部、课、系、班的阶层制。但与其他公司不同的是，稻盛和夫还组织了一套以"阿米巴小组"为单位的独立核算体制。

"阿米巴"指的是工厂、车间中形成的最小基层组织，也就是最小的工作单位，一个部门、一条生产线、一个班组甚至到每个员工。每人都从属于自己的阿米巴小组，每个阿米巴小组平均由十二三人组成，根据工作内容分配的不同，有的小组有 50 人左右，而有的只有两三个人。每个阿米巴都是一个独立的利润中心，就像一个中小企业那样活动，虽然需要经过上司的同意，但是经营计划、实绩管理、劳务管理等所有经营上的事情都由他们自行运作。每个阿米巴都集生产、会计、经营于一体，再加上各个阿米巴小组之间能够随意分拆与组合，这样就能让公司对市场的变化做出迅捷反应。

理念 3　　　　　　　　　　　扁平化组织

"世界都是平的了，您的企业呢？"这句话是对企业流程结构的一个新观念，也是近来最为热门的组织变革方式。所谓组织扁平化，就是通过破除公司自上而下的直线高层结构，减少管理层次，增加管理幅度，裁减冗员来建立一种紧凑的横向组织，达到组织更为灵活、敏捷、富有柔性及创造性的目的。该组织结构强调系统，坚持管理层次的简化，提倡管理幅度的增加与分权。

由于价值创造的主要环节在生产线上，因此，基层工作人员成为精益管理推行的主要动力。为什么这么说呢？

我们知道，企业的存在理由聚焦于为客户创造价值，精益管理的最重要的本质就是价值创造。但是，价值从哪里创造？价值来源于哪里？事实上，客户的价值从企业的产品或服务中得到体现，而产品或服务的生产过程就是价值的源头。

在一家企业中，行政层面只是为产品生产提供辅助和支持的，真正产生价值的活动大多集中于企业的业务流程当中。因此，我们可以说，精益的立足点恰恰在于中层管理者对流程的管理。在丰田生产方式中有一条重要原则，即管理者必须走到现场去发现问题并处理问题。我们把这一原则称为"现地现物"，这是管理者需要认真遵守且能为精益流程的推行提供极大动力的活动。那么，中层管理者是如何推动精益流程管理的？在流程管理的精益化过程中，中层管理者又该承担什么样的角色和责任呢？

中层管理者的基本工作包括分配工作任务，控制工作进度，监督员工工作，向上反映员工的意见，解决员工的工作问题等。也就是说，中层管理者负责具体执行的管理工作，具体地管人管事。相比之下，高层管理者更多地负责计划性和监督性的工作。高层管理者的工作内容决定了他们通常无法深入精益管理的核心环节——生产现场。

很多高层管理者没有机会或者并不愿意去生产现场，甚至还以自己可以不必亲临现场而颇感自豪。

有一位经理，他从不视察车间。对此，他解释说："我以前做过工程师，非常了解如何阅读及解释这些车间上交的资料。我可以根据这些报表资料来做出最正确的决策，何必亲自下车间呢？"

而另外一家公司则是这样的情况：每当总公司的"大人物"前来视察工作时，分公司经理必会耗费数小时在会议室内向大人物回答一些愚蠢的问题。这些大人物并不亲临现场了解那些正在进行中的事务，却会经常留下一些不适当、找麻烦的指示。分公司经理这样说："没有这些会议，我们或许还会做得更好呢！"

这些现状表明，高管理阶层与工作现场之间存在很大的距离。不管是管理者主观意识导致的还是客观条件造成这些问题，都将成为精益化推行的阻碍。而这时候，中层管理者就成为主要管理人员，成为连接上层管理支持活动与基层价值创造活动的关键。

其实，中层管理者的工作首先应该立足于现场，及时掌握现场发生事件的第一手资料。也就是说：一切精益工作都从现场流程开始。这也是丰田公司遵循"现地现物"原则的理由。

在市场经济下，价值创造基于客户需求的特征越来越明显。通过确认客户需求、检查当前步骤并找出浪费环节，管理者便可确定哪些是可以满足客户要求的、必不可少的任务，并消除那些与客户需求无关的活动。对于中层管理者来说，他们需要做的就是不断发现产品或服务生产过程中的价值点，找出浪费之处及其原因，推动更有效的价值创造过程。

辅助阅读

走动管理

沃尔玛集团的创始人山姆·沃尔顿认为，走出办公室倾听人们的意见十分重要。他曾说："头儿们最好的主意往往是来自公司的店员。"

1962 年，当沃尔玛公司仅有 8 家店时，沃尔顿有意不开自己的车，而是搭乘商店的货车，以便与司机接触。有时，他还会在深夜两点钟带着食物与公司销售中心的值班人员共享宵夜，一边吃东西一边了解他们的想法。随着沃尔玛集团的不断壮大，沃尔顿的这个习惯坚持了下来，他每年都会走访公司 700 多家商店的每一家。

在沃尔顿的工作时间中，至少有 90％的时间花费在与员工和客户交谈、阅读财务报表、乘飞机巡视分店等事情上。现在沃尔玛的高层经理也延续着这个习惯，每个星期都会拿出至少三分之一的时间巡视分店，了解员工情况并及时解决问题。

走动管理是由美国管理学者汤姆·彼得斯和罗伯特·沃德曼提出的。1982 年，两人出版《追求卓越》一书，提出了走动管理的概念。书中指出，很多企业的管理者往往待在办公室，等待下级主动汇报工作。这种管理方式对上下级的沟通是很不利的，管理者更是无法了解生产现场的真实情况。因此，管理者应该抽出足够的时间走到员工中间，更好地倾听员工，发现问题。

走动管理的功能体现在下面几点。

第一，更容易发现问题，助力团队提升。由于管理者更多走进工作现场，因此可以更容易发现工作中和管理活动中的问题，迅速提出改进措施，这对团队整体的提升是一大助力。

第二，更好地管理员工的情绪。走动管理要求管理者走到员工中间，克服"位差效应"的部分消极影响，因此员工的心声可以更容易被管理者倾听。员工的想法和诉求得到宣泄，对员工的情绪管理是一种帮助。

第三，增强上下级感情。管理者与员工向来处于对立的层面，二者的关系管理也是团队管理关注的重点。走动管理为二者提供了深入了解的机会，有助于增强上下级感情，增强团队凝聚力。

第 2 节　精益流程结构

　　任何事物都是在不断地消亡与进化中延续的，市场的演进也是如此。经过研究可以发现，每一次的市场变革都会带来一系列的变化，首先便是生产力冲破旧的生产关系的变革，换句话说就是企业的组织结构的变化。在企业的发展过程中，组织结构的变化势必会对流程造成巨大的影响，也只有经历了市场考验的流程重组或再造过程的企业才能够真正立足于市场。

　　下面，我们从构成流程的多个维度来逐步解读，讲述流程框架的主要形式，通过精益化的手段来检测流程当中的各个构成，对其做出科学、合理的分类，确保流程结构的价值得到充分发挥。

案例 1　　　　　　　TPM 的活动流程

　　当我们面对着数量众多的流动单元在流程中沿着不同的路径流动，这真是让人头大的事情。也许我们可以从流程的维度入手，比如流程资源或流程对象的管理。为了使流程能够按照统一、协调的节奏运作，我们必须严格要求每个节点都遵循规范来操作。

　　日本电装公司是提供汽车前沿技术、系统以及部件的顶级全球供应商之一。它在环境保护、发动机管理、车身电子产品、驾驶控制与安全、信息和通信等领域都被视为"全球主要整车生产商可信赖的合作伙伴"。

　　日本电装一直致力于为客户提供多样化的产品及售后服务，包括：电子自动化和电子控制产品、汽车空调设备和供热系统、火花塞、组合仪表、燃油管理系统、散热器、过滤器、产业机器人、电信产品以及信息处理设备等。目前，电装共有 21 种产品在世界上排名第一。

　　20 世纪中叶，日本电装公司开始推行针对设备的自主保养体系，从而使得设备故障大幅降低、设备运行效率快速提升。其特点是，彻底打破设备操作人员与维修人员之间的传统分工模式，而采用重复小团体的形式，来开展针对设备的改善活动，同时提高设备技能水平，优化企业体质。1971 年，日本电装获得了首届 TPM（全员生产保全）优秀奖（PM 奖）。此后，TPM 在丰田关系企业中逐渐得以普及，这就是最初 TPM 发展并融入精益生产方式的过程。

　　1969 年初，日本电装与日本工程师学会（JIPE）全面协力展开所谓的"全员参加的生产保养"活动（Total Productive Maintenance，TPM），这之后的三年，日本电装在 TPM 的活动成果方面，可以说有非常大的进步，也因此在 1971年荣获 PM 优秀事业场奖（简称 PM 奖，1994 年起改为 TPM 奖）。

1971 年，由日本设备管理协会的中岛清一等人正式提出 TPM 这一理念。因此，日本电装一直被视为"TPM 的示范企业"、"TPM 的发祥地"，而 JIPE 当时在发行的 PE 杂志上对于日本电装的实施过程介绍，也使得日本产业界得以有一个良好的 TPM 导入模式。

为了有效推进 TPM，日本电装公司将 TPM 的目标概括为 4 个"零"，即停机为零、废品为零、事故为零、速度损失为零。

停机为零：指计划外的设备停机时间为零。计划外的停机对生产造成的冲击相当大，使整个生产品配发生困难，造成资源闲置等浪费。计划时间要有一个合理值，不能为了满足非计划停机为零而使计划停机时间值达到很高。

废品为零：指由设备原因造成的废品为零。"完美的质量需要完善的机器"，机器是保证产品质量的关键，而人是保证机器好坏的关键。

事故为零：指设备运行过程中事故为零。设备事故的危害非常大，影响生产不说，可能会造成人身伤害，严重的可能会"机毁人亡"。

速度损失为零：指设备速度降低造成的产量损失为零。由于设备保养不好，设备精度降低而不能按高速度使用设备，等于降低了设备性能。

同时，TPM 管理必须设定 5 层防护线，即：

第一层防护线：由岗位操作人员负责的日常点检。

第二层防护线：由专业点检人员负责的定期点检。

第三层防护线：由专业技术人员负责的精密点检。

第四层防护线：对出现的问题，进一步通过技术诊断等方式找出原因及对策。

第五层防护线：每隔半年或一年进行的精密检测。

此外，日本电装还设定了 TPM 推行的"八定"原则。

（1）定人：确定操作人员兼职和专职的点检人员。

（2）定点：明确设备故障点，明确需要点检的部位、项目和具体内容。

（3）定量：对劣化倾向的设备进行定量化检测。

（4）定周期：为不同设备及故障点设定不同的点检周期。

（5）定标准：明确给出每个点检部位是否正常的依据。

（6）定计划：制定作业卡，指导点检人员沿规定的路线进行作业。

（7）定记录：设计固定的记录格式。

（8）定步骤：制定标准的点检作业和点检结果的处理程序。

通过这一系列措施，日本电装在 TPM 方面取得了优异的成绩，获得了 PM

奖，这也成为日本企业推行 TPM 的开端。

日本电装在推行 TPM 项目的流程当中，制定了"4 个零"、"5 层防护线"、"八定原则"等精益化手段，使该项目取得了优异的实施效果。

理念 1　　　　　　　　　　　流程的要素

流程管理是企业将业务活动整体推进的一个过程，并不仅仅是以绘制流程图为目的的。但是，很多企业的管理者在开展流程管理的过程中，常常不知从哪些方面入手，对于这样的疑惑，我们来分析一下构成流程的要素。

流程有六大要素：资源、过程、过程中的相互作用（即结构）、结果、对象和价值。把这些基本要素串联起来：流程的输入资源、流程中的若干活动、流程中的相互作用（例如串行还是并行，哪个活动先做，哪个活动后做，即流程的结构）、输出结果、顾客、最终流程创造的价值。称其为"流程的六要素"。不论用什么样的语言来表达，一个完整的流程基本包括这几个要素。对这六项要素的持续优化过程，最终形成了精益流程。

因此，如何管理好流程的这几项要素，便是成功实现精益流程的关键。为了帮助管理者清楚地了解流程要素的管理，我们总结了以下几点精益流程的特性：

目标性：有明确的输出（目标或任务）。这个目的可以是一次满意的客户服务，也可以使是一次及时的产品送达，等等。

内在性：包含于任何事物或行为。所有事物与行为，我们都可以用这样的句式来描述，"输入的是什么资源，输出了什么结果，中间的一系列活动是怎样的，流程为谁创造了怎样的价值"。

整体性：至少由两个活动组成。流程，顾名思义，有一个"流转"的意思隐含在里面。至少有两个活动才能建立结构或者关系，才能进行流转。

动态性：从一个活动到另一个活动。流程不是一个静态的概念，它按照一定的时序关系徐徐展开。

层次性：组成流程的活动本身也可以是一个流程。流程是一个嵌套的概念，流程中的若干活动也可以看作是"子流程"，可以继续分解若干活动。

结构性：流程的结构可以有多种表现形式，如串联、并联、反馈等。这些表现形式的不同，往往给流程的输出效果带来很大的影响。

管理者在流程运行中遇到的问题，往往不是流程本身的问题，而是我们没有找到流程管理的切入点。在对流程要素的精益管理中，我们更多的是从执行的角度把个人或组织确定的目标去执行到位，而不考虑或者改变组织的决策，在决策确立之后，流程要解决的就是怎么更好地实现决策的目标，而不是改变决策的目标。

　　企业应借助精益流程来提供各方所需要的价值，而精益流程实现的一个手段就是实现流程图的标准化。为了实现标准化配送模式，企业经营者必须搭建一个精益化的流程框架，以实现精益供应。

　　1993 年度，伊藤洋华堂开创了一项利润纪录——实现了经常利润 1 000 亿日元。这在整个日本流通业利润水平中处于最高水平，甚至比在规模上处于第一位的大荣公司（同年度为 240 亿日元）高出 4 倍之多。

　　而伊藤洋华堂之所以能够取得如此迅速的发展和良好的经营业绩，主要是因为其确立了独特的经营机制和物流管理模式，大大提高了经营和配送的效率，这为其高收益提供了足够的保障，奠定了坚实的基础。

　　（1）从订货到销售的作业流程。

　　物流系统是伊藤洋华堂整个经营体系中的重要组成部分之一。

　　伊藤洋华堂首都圈的店铺供货全部由伊藤洋华堂自己的配送中心崎玉配送中心和共同配送中心来完成。这两大配送中心作业流程的区别仅在于二者处理和配送的商品种类略有不同。

　　各店铺中的作业完成，实行各单物品 POS（销售终端）数据的灵活运用，主要是根据前一天的销售数据（如为生鲜产品和乳制品，则根据当天的销售数据）来把握各种产品的销售情况。同时，结合库存基准，确定下一步的作业形式。这种作业通常为两种形式，即：陈列补货和商品订货。

　　陈列补货是在货架缺货时及时进行补货、上架，作业时间是在每天 8～10 时，商品订货是在出现断货时通过自动订货终端，向总部提交进货申请，作业时间一般是每天 10～12 时。

　　目前，物流配送中心实行的是"早上一次和下午一次，一日两次"的配送机制。

　　（2）配送中心的运作与管理。

　　在崎玉配送中心的一层，拥有 35 个货车停车位。每天 7 时开始进货，一天 3 次，相当于每天接纳进货车辆 100 多辆。配送请求"早上和下午各一次"传递到配送中心，崎玉配送中心为了提高物流效率，也是实施一日两次的商品配送要求。

　　而发货用的车辆每次达 26 辆，即：每天 52 辆货车实施配送。在小单位的商品物流作业现场中，还有全长 3.85 千米的传送带。配送中心借助激光扫描器来读取商品标签和条形码信息，不同店铺的商品会通过传送带来流向不同的分拣道口。而在各分拣口的终端处，停靠着承担各店铺配送任务的货车，每辆货车承担3～4家店铺的配送任务，各店铺的平均装载时间为30分钟。

配送中心二楼分拣处理好的商品，会通过传送带，流向一层的物流作业中心；当其与物流作业中心的货物混载后，会根据各店铺的订单分别进行配送。

配送中心的备货或配送方式会根据商品种类而差别处理。一般情况下，服装等商品，实行数码备货、衣架展示配送，而自产食口等实行分店铺货箱标签备货（即：一个店铺、一个物流货箱，分别用不同的条形码加以区别，不同种类的商品都会被放在该货箱之中）。

从整个物流作业的时间安排上看，一般早上7—10时、13—17时、18—19时多；从生产商或批发商处进货，进货后处理从早上7时延续到中午11时多，13时到晚上20时，所有进货业务共由54人来负责。

商品进货后，即刻进入分拣阶段，作业时间为7—11时、13—17时、18—20时，作业人员共计162人。

商品分拣后，9—13时、16—20时，将由42位作业人员负责堆放。

车辆配送的时间安排大多是从8时到13时、16时到20时。

整个票据的处理时间通常是在从8时到19时，票据处理人员共计48人。

（3）商品配送的组合模式。

伊藤洋华堂的商品配送，通常采用两种组合形式：

一是加工食品＋西服＋女装＋内衣＋日用杂货，这种商品组合在伊藤洋华堂也被称为"蓝色配送"；

二是服饰＋童装＋装饰材料＋日用品＋家电＋文具等，这种商品组合被称为"红色配送"。

如果早上时段采用"蓝色配送"的组合形式，那么下午通常为"红色配送"的组合形式。反之亦然。

从货车的平均装载来看，4吨的货车可以装载220～240件商品，而一般1件加工食品的平均价值约为3 800日元，这样一辆4吨的货车平均装载大约为100万日元的商品。而车辆所产生的费用约为25 000日元/日，如此计算，平均为1.5次货车的平均装载率为70％～80％。

可以说，伊藤洋华堂的整个配送体系都以精益为原则进行规划的。这种配送模式帮助其实现了及时化配送，同时又将配送成本降到最低，这些都构成了伊藤洋华堂的核心竞争能力。

从前面的案例中可以看到，伊藤洋华堂为自身设计了一套极为精益的商品配送流程模式，同时将这种流程模式在其各个配送中心予以推广，在内部实现了标准化管理。这使得伊藤洋华堂在配送领域实现了及时化，同时也有效控制了配送与供应的成本。

最精益的流程管理方式应该是一种以客户需求为拉动的管理模式。它以消灭浪费和快速反应为核心，使企业以最少的投入获取最佳的运作效益，并提高市场反应速度。

也就是说，在开始生产前，了解客户的真实需求，精确地生产出其所需要的产品数量。也就是说，按照客户需求的数量和销售的速度来进行生产，以此保证物流平衡。

像电脑行业中的戴尔公司，也可以称得上是此类管理的翘楚。当客户通过网上或电话下了电脑的订单以后，戴尔的生产流程就会被迅速拉动起来，任何被需要的配置都可在一周内生产出来并交付给客户。

所以，企业应建立起需求拉动式的流程系统，以客户需求为中心，从客户的立场出发，分析客户的价值流，为客户设计整套的流程服务模式，提供最大化的服务保障。与此同时，又降低了企业的物流成本，从而提高了自身的市场竞争力。

理念 2   流程框架

流程框架是对整个流程体系的结构性概括，它定义了每个结构模块之间的关系。而我们在管理过程中，为了能够直观地描述流程的路径与走向，使每个人都能够方便地使用，故而绘制了流程图。所谓流程图，就是对流程框架网络的图像化展示，是流经一个系统的信息流、观点流或部件流的图形代表，对企业的流程管理有着运行规范的指导意义。

以某企业的产品开发计划流程来说，其业务流程图如图 2—4 所示。

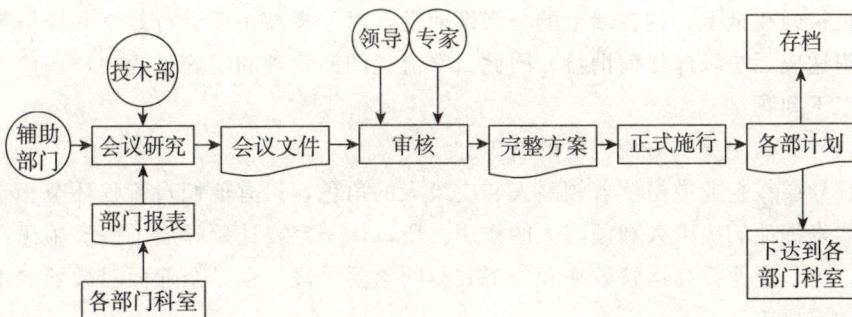

图 2—4　产品开发计划业务流程

通过图 2—4，我们可以得到以下帮助：
①全面了解业务处理的过程，做好进行系统分析的基础。
②技术员、管理员、业务操作员等业务涉及人员的相互交流沟通。

③系统分析员可直接在业务流程图上拟出可以实现计算机处理的部分。

④分析业务流程的合理性。

流程图是流程路线的图纸固化，我们要进行流程化管理，就必须掌握流程图表的制作和绘制方法。然而，我们首先要对开发流程的每道工序，将固化的工序绘制成清晰的流程图，这是我们优化和设计流程的基础条件。

流程图绘制的原则

流程图绘制之前，需要确定以下几项原则：

①以客户为导向，尽最大的努力满足客户的需求。

②以流程为中心，将企业的管理模式从以任务为中心转变为以流程为中心，将独立的任务连接成表示任务之间关系的流程。

③以人为本，加强团队成员间的合作。

流程图绘制的步骤

绘制企业的流程图一般需要经过以下几个步骤：

①明确目的。绘制流程图之前，一定要明确流程图绘制的目的、作业范围和作业起点等。

②列出作业的各项内容。在绘制流程图时，应列出作业的各项内容在白纸或文档上一一列出。

③用图形替代列出的作业配置。为了使作业能够连接配置，书写的原则应该是从左到右、从上到下。同时，还必须考虑图形的大小、配置、文字的平衡等。

借助流程图，企业可以建立起正常的工作秩序。当流程图绘制完毕，应当及时下发给公司的各个部门遵照执行。但是，如果流程图未得到科学管理，那么它不过是被画在纸上、挂在墙上的一张纸而已，对于提高企业运行效率和经济效益的期望达成无法发挥任何助益。因此，在流程图的管理和实施过程中，还应该注意到以下问题：

（1）提高领导层对流程图的认识。

领导层在企业中扮演着领路人和决策人的角色，只有他们对流程环节相当熟悉才能发挥他们决策人和领路人的作用。所以，一定要让领导层了解实施优质的流程，这是企业提高运营效率和经济效益的重要手段，也是企业面对激烈的市场竞争的重要措施。

（2）企业要加强培训，上下一心共同提高对流程的认识。

在流程管理中，企业的领导人是实施流程的中坚分子，广大基层人员是重要的力量，只有二者进行联手推动与实施，流程的执行才会达到最终的目的。所以，企业要通过不断的培训，提高广大基层人员的素质，并且使其能够自觉地执行所制定的流程。

（3）克服旧有的管理模式，接受新式运作方法。

企业在长期的发展中形式了一定的发展模式，这种发展模式随着社会的不断变化和发展，已经成为企业发展中最大的绊脚石。所以，企业要摆脱这种旧式的管理流程，接受新式高效的运作方式，以便在市场中赢得一席之地。

企业的运营流程以生产流程为主线，形成一种横向的脉络，为企业的生产活动带来了高效、有序的影响。而作为管理与辅助为主的纵向流程，复杂的管理环节成为了流程管理的成本与时间瓶颈。因此，为确保所有人员在流程操作时目标清晰、明确，我们需要不断精简管理流程的复杂度，朝着扁平化的方向改进。

案例 3　　"不拉马的士兵"

我们知道并非所有的流程都能够创造价值，而那些毫无价值的非必要节点常常为企业带来巨大的成本浪费。因此，我们工作的重点是要找出那些能够创造价值的流程节点，并对这些节点进行合理地管控，从而构成一条对企业运作将起到关键性作用的价值流程。

"不拉马的士兵"是一个流传已久的管理故事：一位年轻有为的炮兵军官上任伊始，到下属部队参观演习，他发现有一个班的 11 个人把大炮安装好，每个人各就各位，但其中有一个人站在旁边一动不动，直到整个演练结束，这个人也没有做任何事。军官感到奇怪："这个人没做任何动作，也没什么事情，他是干什么的？"大家一愣，说："原来在作训教材里就是讲这样编队的，一个炮班 11个人，其中一个人站在这个地方。我们也不知道为什么。"

军官回去后，经查阅资料才知道这一个人的由来：原来，早期的大炮是用马拉的，炮车到了战场上，大炮一响，马就要跳、就要跑，一个士兵就负责拉马。到了现代战争，大炮实现了机械化运输，不再用马拉，而那个士兵却没有被减掉，仍旧站在那里。从管理学的角度讲，这位军官发现并减掉了"不拉马的士兵"，其实大大提高了管理效率，减少了资源浪费。

将此旧故事重提，是因为目前在许多企业里都可能存在着"不拉马的士兵"，特别是如今大变革、大整合的时代。倘若企业改革或者其所处的环境发生了变化，又或许企业的工作流程或工作方式发生了变化，势必导致企业的技术进步或众多方面必须革新，等等。如果企业自身还没有意识到这一点，并仍因循原来的运作模式，此时，也许就会使一些人力、物力出现"不拉马"现象。

由于"不拉马"现象直接占用了企业的资源，使组织运作的效能降低，也会大大影响企业内部的公平氛围。

理念 3　　　必要构成与非必要构成

　　生产线布局是精益实践的主要内容之一，生产线布局的精益程度对于提高生产效率、产品质量、资源利用率，从而降低运行成本、提高精益效益至关重要。

　　在精益作业方式下，各工序的生产速度需保持一致。这就要求分配到各生产线的工作人员技能、作业时间、工序排列等要素之间保持协调。因此，管理者必须关注的问题是：如何优化生产线来提高产能？

　　公司需要的是能有效地规范、管理并支持业务发展和利润获得的流程。在进行流程体系规划与分析时，需要准确地分析各个流程单元的必要性，明确流程之间的接口关系，识别基于阶段性战略目标的关键节点，并对它进行重点监控等。

　　通过对流程进行科学的规划，生成企业的流程清单，流程清单作用主要表现在以下几个方面：

　　①阐明了公司创造价值的缘由；

　　②塑造以公司目标为导向的业务流程布局，突出公司目标导向；

　　③增加了一次发现业务流程盲点、流程冗余点的修改机会；

　　④有利于统一员工的思想。

　　无效率的流程节点不仅浪费了企业的人力、物力、财力，还降低了企业生产经营活动的效率，严重影响了流程节奏的精简。为了对企业无效率的流程节点进行改进，我们可以采用 ESIA 法。

　　ESIA 是 eliminate，simplify，integrate，automate 的首字母缩写，分别指清除、简化、整合、自动化。ESIA 法的每一项操作都有其特定的对象，如表 2—1 所示。

表 2—1　　　　　　　　　　　　　　　　ESIA 法

清除 eliminate	简化 eliminate	整合 integrate	自动化 automate
失误、缺陷	沟通	活动	数据采集
活动间的等待	程序	团队	数据传输
重复的活动	表格	供应商	数据分析
活动的重组	物流	顾客	脏活、累活
反复的检验	—	—	枯燥的活
不必要的运输	—	—	—
过量产出	—	—	—
过量库存	—	—	—

清除

清除主要是指取消企业现有流程内的非增值活动以及浪费活动。清除对象的分类与说明如表 2—2 所示。

表 2—2　　　　　　　　　清除对象的分类及说明

清除对象	说明
失误、缺陷	流程产生故障的原因除了企业人员的操作失误外，还有流程结构本身的缺陷，流程改进时应该重点排查这些失误和缺陷。
活动间的等待	流程中由于某种原因会出现人或物的等待，这造成了库存物品和代签文件的增加，通行时间加长，监测也更加复杂。
重复的活动	流程活动中如果运用了数据库共享技术，就可以在整个流程的任何一个节点上输入信息并实现共享，避免信息的重复录入。
活动的重组	为了适应某些特定的习惯，相似的活动在处理上有部分差别时就会采取不同的流程方式而造成浪费。这种活动就应该进行清除或重组。
反复的检验	企业应该将部分的检验、审核工作进行授权或下放，不要事无巨细都上报，以避免审批的形式化和企业领导工作的低效化。
不必要的运输	在一些企业流程中，任何人员、物料、文件的移动都要花费很多时间，这既浪费了员工的时间，也增加了流程成本。
过量产出	超过实际需要的产出就是一种浪费，因为它占用了流程有限的资源而没有增加价值，反而增加了库存。
过量库存	企业的产品积压、库存过剩以及运营过程中大量文件和信息的堆积等都给企业带来了一定的经济损失。

简化

流程改进时，在尽可能清除了非增值性环节后，我们仍需对剩下的环节进行简化，简化对象的分类与说明如表 2—3 所示。

表 2—3　　　　　　　　　简化对象的分类及说明

简化对象	说明
沟通	流程改进时应该尽可能简化各个流程部门和人员间的沟通，避免沟通的复杂性。
程序	通过运用 IT 手段，提高信息处理能力，简化流程程序，整合工作内容，提高流程的执行效率。

续前表

简化对象	说明
表格	许多表格在流程中根本没有实际作用，或者表格设计上有许多重复的内容。如果重新设计并简化表格，可以减轻员工的工作量，减少很多环节。
物流	企业可以通过调整任务顺序或增加信息来简化物流。

整合

为了使流程顺畅连贯并更好地满足顾客需求，我们可以对流程进行整合。整合对象的分类与说明如表2—4所示。

表2—4　　　　　　　　　　　　整合对象的分类及说明

整合对象	说明
活动	企业可以授权单个人来完成一系列的简单活动，这样将活动进行整合，可以缩短工作时间并减少活动交接过程中的错误。
团队	将单个的专家组成一个团队既可以缩短物料、信息和文件的传输距离，还有助于改善流程中人与人之间的沟通。
供应商	在企业与供应商之间建立信任和伙伴关系，整合双方的流程，以消除两者之间不必要的合作程序，提高效率。
顾客	整合顾客组织和自身的关系，和顾客建立完善的合作关系。

自动化

在对流程节点的清除、简化和整合的基础上，企业可以应用自动化方法。自动化对象的分类及说明如表2—5所示。

表2—5　　　　　　　　　　　　自动化对象的分类及说明

自动化对象	说明
数据的采集与传输	自动化可以减少反复的数据采集，降低单次采集的时间消耗，并且可以实现数据资源的共享。
数据分析	企业通过使用分析软件对数据进行收集、整理与分析，可以提高对信息的利用效率。
脏活、累活与乏味的活	对脏活、累活与乏味的活，可以实现计算机或机器处理，以节约人力资源并最大限度地发挥人员的作用。

　　ESIA 是运用极为广泛的简化方法，能够对一切延误流程运转的节点进行整合、优化，并且应用自动化的手段使流程节奏更为连贯。

　　流程是由很多个工序连贯在一起组成的，而完成这一项活动是由每一个工序的律动所构成。要想保证每个工序能够统一、高效地运转，企业管理者必须不断地简化不必要的流程节点，运用科学的手段平衡工序的异常波动。

📖 **辅助阅读**

一次度假中的等待

　　在《精益思想》一书中有这样一个例子。

　　某人希望和家人一起到一个海岛度假，他们选择了一条相对最合理的路线，但是，仍然花费了他们不少时间。下面是他们出行的整个过程：

　　(1) 打电话到旅行社预约；

　　(2) 接收寄来的机票；

　　(3) 向出租车公司预约出租车；

　　(4) 等候出租车到来；

　　(5) 打包行李；

　　(6) 坐车到机场，这个过程花费了 3 小时 15 分钟，航空公司要求起飞前2 小时到达机场；

　　(7) 卸行李；

　　(8) 排队等候兑换货币；

　　(9) 排队登记；

　　(10) 排队安检；

　　(11) 排队通过海关；

　　(12) 在候机楼等候；

　　(13) 排队登机；

　　(14) 在飞机上等待；（飞机延误了 2 小时）

　　(15) 飞机在跑道上滑行；

　　(16) 飞到海岛，花费 3 小时；

　　(17) 在飞机里等候；

　　(18) 飞机降落和下飞机；

　　(19) 排队取行李；

　　(20) 排队等候相关部门检查询问；

　　(21) 排队过海关；

（22）把行李装上车；

（23）等候客车出行；

（24）乘车至别墅，花费 45 分钟；

（25）卸下行李，搬进别墅；

（26）等候登记入住别墅。

至此，这一家人终于到达目的地，统计结果显示全部的履行时间是 13 小时，实际用在旅途上的时间只有 7 小时，其余 6 小时全部是排队和等待的时间。在这个过程中，排队次数 10 次，行李搬运 7 次，检查次数 8 次。在这之间，总共有 19 个不同的机构或公司参与进来，而它们无一例外都在采取批量处理的方式。

也许就每一个机构来说，它们这样处理是非常有效率的，但是，在旅行的这家人看来，这个过程无疑是烦琐的、让人不舒服的。如果把这一切当作一个整体来看的话，这之间的各种等待时间完全可以精简。

比如说，旅行社可不可以帮助旅客预订出租车、搬运行李、办理别墅的登记呢？各海关和相关机构能否协作，共同核定旅客是否可以入境？人们为什么必须提前几个小时到达机场并等候？有没有像坐火车、汽车一样简化的手续？

当我们从客户的角度分析时，就会发现许多不产生价值的环节。

第 3 节　敏捷的流程

电子计算机就是一例，从显示器、芯片、CPU 板、电子元器件到插接件、软盘、光驱等都是由专业厂生产的；ABB 的工业机器人生产厂已经没有一台加工机床，只有较大的设计开发部门及遍布全世界的总装厂和销售服务中心，所有电子及机械部件都以合同方式由外协厂进行。

一个企业可能设置了多种产品的生产线，期望能够尽可能地消除各种需求变化的"风吹雨打"。可是，顾客的需求变化是任何企业都无法控制的，如何应对这一不确定的变量，管理者必须要掌握敏捷的流程管理，以帮助企业实现科学、理性的决策。

例如，某企业的 A 产品的需求量正在衰退，而 B 产品的需求量可能正在增加。因此，生产线甚至企业的其他工作场所的每个环节、每道工序都可能需要变化。比如，调配一些 A 产品的生产人员到 B 产品的生产线上。当市场需求再度变化时，企业可以创造灵活的工作场所，从而建立企业流程的柔性。

　　　　　　　　　　柔性化空间布局改善生产

空间布局对流程的柔性运作有着重要影响,合理地分配每个节点的权重,能够有效实现流程的敏捷管理。就比如下面的这个例子。

某电瓶叉车厂为了使企业整体布局更加完善、全线运作效率更快捷,决定采用动线型 SLP 法进行空间布局。

首先,该厂进行了初步的空间分配。其空间主要由原材料半成品库、机加工车间、热处理车间、动力设施部门、成品库、办公楼等组成。为了达到对空间最大限度的利用,该厂根据以往的生产经验,对当前生产过程所需的面积大小进行预测。

完成企业空间分配后,便开始了作业单位规划。这主要经历了以下步骤:输入基础数据、确定设施布置类型、作业单位相互关系分析、绘制作业单位物流与非物流综合关系表。然后,结合上述分析结果,着手进行设施布置图的绘制工作。

设施布置图的绘制不是一蹴而就的,要先绘制出位置相关图和面积相关图,最后才得到设施布置图。设施布置图总共设计了三个候选方案,以供决策者选择。

在评选最佳布置方案时,该厂从经济和非经济两个方面展开。对非经济因素的评价,采用了优缺点比较法和加权因素法等;对经济性因素的评价,则采用了工程经济评价法等。

每个布置方案都有一些不能用费用精确衡量的非经济因素,如发展性、柔性、物流效率、存储效率、空间利用率、安全性、环境保护等。其中,物流效率是评价分析的一大重点。在分析时,要将空间的布置设计和物料搬运系统相协调。因为设施布置设计只有通过完善的搬运系统,才能显示出其合理性。

而对经济型因素的评价主要是运用工程经济学的理论知识进行分析,评价费用节省、投资额及投资回报期等,并将这些因素作为比较选择的标准。

在评价布置方案时,评选人员通过赋予这些因素不同的权重,对备选方案进行了打分;然后采取综合对比法,从上述方案中选出较适用的布置方案,再通过动线分析法加以验证,从而确定最终布置方案。

　　　　　　　　　　　　敏捷管理

20 世纪 90 年代,信息技术突飞猛进,信息化的浪潮汹涌而来,许多国家制定了旨在提高自己国家在未来世界中的竞争地位、培养竞争优势的先进的制造计划。在这一浪潮中，美国走在了世界的前列，给美国制造业改变生产方式提供了强有力的支持，美国想凭借这一优势重造在制造领域的领先地位。在这种背景下，一种面向新世纪的新型生产方式——敏捷制造（Agile Manufacturing，AM）的设想诞生了。

关键技术

敏捷制造是在具有创新精神的组织和管理结构、先进制造技术（以信息技术和柔性智能技术为主导）、有技术和有知识的管理人员三大类资源支柱的支撑下得以实施的，也就是将柔性生产技术、有技术和有知识的劳动力与能够促进企业内部和企业之间合作的灵活管理集中在一起，通过所建立的共同基础结构，对迅速改变的市场需求和市场进度做出快速响应。敏捷制造比起其他制造方式具有更灵敏、更快捷的反应能力。

敏捷性评价

敏捷性的度量可以看成是下面四个方面的综合度量：时间、成本、健壮性和自适应范围。但在不同的行业、不同的企业，针对不同的产品和生产过程，具体的评价指标和内容可能都是不一样的。这其中有许多不确定和综合性的因素。

敏捷意味着善于把握各种变化的挑战。敏捷赋予企业适时抓住各种机遇以及不断通过技术创新来领导潮流的能力。因此可以讲，一个企业的敏捷性取决于它对机遇和创新的管理能力。企业在不同时刻对这两种能力的把握决定了它对市场和竞争环境变化的反应能力。对每一个具体的系统（企业或者企业的某核心机构）都要针对它在不同方面的优劣，如企业运行、供应链策略、特定的车间层控制、群组工作策略、产品开发策略等等，找到它们在图中的当前位置和目标位置，并按此来进行系统的设计和改造。

有效管理

以灵活的管理方式达到组织、人员与技术的有效集成，尤其是强调人的作用。敏捷制造在人力资源上的基本思想是：在动态竞争环境中，最关键的因素是人员，柔性生产技术和柔性管理要使敏捷制造企业的人员能够实现他们自己提出的发明和合理化建议，这就需要提供必要的物质资源和组织资源，支持人们的行动，充分发挥各级人员的积极性和创造性。有知识的人是敏捷制造企业最宝贵的财富。不断对人员进行素质提高培训，是企业管理层的一项长期任务。

在管理理念上要求具有创新和合作的突出意识，不断追求创新。除了内部资源的充分利用，还要利用外部资源和管理理念。在管理方法上要求重视全过程的管理，运用先进的、科学的管理方法和计算机管理技术以及 BRP 等管理。

辅助阅读

需求链的敏捷管理

夏普公司的总部位于日本大阪，年销售收入 887 亿日元，是一家全球化的电子消费品公司。目前，公司员工近 7 万人，服务于分布在全球 30 个国家的生产工厂、销售公司、技术研发机构和信贷公司。

作为一位在全球范围推出电子计算器和液晶显示器等电子产品的创始者，夏普公司始终勇于开创新领域，运用领先世界的光学、半导体、液晶等技术，在办公自动化、家电等领域建立了一个"新信息社会"。

但是，面对竞争日益复杂的电子消费品市场，夏普公司也越来越深刻地感觉到电子消费品市场的快速变化，特别是电子消费品的生命周期越来越短，电子消费品的市场普及率越来越接近饱和状态，企业的经营风险加大。与此同时，客户对电子消费品个性化的需求也越来越高。

因此，如何在竞争激烈和快速变化的市场中寻求一套实时的决策系统，就显得非常重要，特别是通过提高商品预测的准确率来降低企业库存总量，减少交期延误，这样才能有效保住大量有价值的客户。

基于这个目标，夏普对整个需求链进行了全面诊断，提出了整体无缝链接（包括订单管理、生产制造、仓库管理、运输和开票等全流程在内）。同时，他还结合信息系统的实施，使夏普公司建立起供需一体化的运营模式。尤其是通过对系统数据的分析、定时的连接和灵活的处理，使决策者能够更加便捷地协调人员、设备资源，从而精准地满足市场需求。

通过对需求链的一体化管理，夏普公司的库存水平大大降低，库存周转率大大加快，物料管理成本急速降低。同时，其交货承诺性也在很大程度上得到了保障，货物交付更加及时和准确。

在日常管理工作中，有远见的管理者逐步认识到企业外部各环节管理的重要性，并将视线投放在如何提高盈利、降低成本、提高效率、提高创新能力以及应对外部风险等方面，使企业外部各资源、环节有效协调，实现从单纯供应链转变为价值链，从而为企业取得竞争优势。

像夏普电器便是在这种认识的驱动下，将企业的价值链管理逐步从以关注企业内部管理为主，转变为更加关注需求链、供应链、设计链等外部环节的有效融合，由外而内来打造最适合当前发展需求的价值链，以适应新形势下市场的要求。

最精益的企业管理方式应该是一种以客户需求为拉动的管理模式。它以消灭浪费和快速反应为核心，使企业以最少的投入获取最佳的运作效益，并提高市场反应速度。

案例.2　　　　逆向思维打造精益流程

我们知道，让企业经营的成功模式非常多。我们可以多加借鉴、学以致用，但是，这种学习必须抓住精髓，确认它符合自己的要求，否则就会盲目，最终走上企业经营的歧路。Ringer Hut 早年陷入经营危机，问题便是归结于此——认为只要发放优惠券、薄利多销即可。

2008 年，大多数日本餐饮连锁店仍然陷在西方快餐的经营模式下，在价格战中打得火热。沿用已有的经营模式无疑使经营者的大脑轻松了不少，但是企业的利润空间却会让他们倍感头痛。Ringer Hut 也是一样。

当时，Ringer Hut 从麦当劳公司招聘来一位社长。这位社长用麦当劳最擅长的优惠券战略经营，然而这种销售战略使之销售利润空间一再遭到压缩，亏损店铺甚多。同年 9 月，这位社长离开 Ringer Hut。而 Ringer Hut 不得不关闭了 50 家亏损店铺，这使得公司 2009 年 2 月期的决算出现了赤字。

企业经营危机使董事长米滨和英认识到：绝不能盲目模仿西方快餐的经营模式；唯有创造出适合自己的经营模式，才能为企业创造更多价值，让企业真正实现盈利。

于是，米滨决定改变过去的经营模式。他提出在食材采购、杂烩面等主要产品的制作方面进行改革——努力向消费者宣传国产蔬菜的新鲜度和安全性，以提高单人消费额度。事实证明，他的战略是正确的。因为越来越多追求营养和健康的城市消费者对之给予了高度评价。

同时，销售部长种川浩之提出："我们要趁着客流量急剧减少，提高装盘技能，训练服务技能，为消费者提供更加优质的服务。"而为了保证蔬菜的新鲜度，他们决定设计快速的蔬菜加工流水线——遵照 JIT 原则，及时将加工好的原材料送至各门店。而这个加工流水线最初需要 23 名工作人员，经过半年改造后，只需要 13 人即可完成，大大节省了人力成本。

比如，以葱的加工流水线为例，过去的称重计量是十分费力的。于是，设备部自主研发了一种新型计量工具，误差在 10% 左右。这样，称重工作便实现了自动化，最后只需要一名工作人员微调即可。

当决定在静冈试销新研制的杂烩面之前，米滨让所有人试吃了新面，又呼吁："要改进质量、服务、卫生方面的一切问题，向顾客满怀信心地销售该产品。"

2009 年 4 月，在 Ringer Hut 上下的齐心努力下，静冈和鹿儿岛地区的各门店开始正式试销新型杂烩面。

试销效果非常理想。在试销开始后不到一个月，米滨前往静冈互通口店视察。某日下午 15 时，他像一个普通消费者一般走进店里点餐吃饭，他的旁边坐着一位商务人士。这位顾客一坐下来就点了"蔬菜满满大杂烩"，似乎专门为了吃这道菜而来。这让米滨感到了将新产品推向全国的可行性。

不过，虽然试销活动的势头良好，但在 10 月份推广至全国之前，新面的价格并未确定。而且，人们习惯于价格战，对于如何定价仍然心存疑虑。因为新面的成本上涨了 25 日元左右，而且店里更换了容器，提高了服务质量；如果定价过低，便会使公司的利润更低。

但是，米滨根据其对试销情况的观察，认为顾客是可以接受提高定价的。于是，他决定：将普通杂烩面定价为 490～550 日元，而将"蔬菜满满大杂烩"的价格提高到 650 日元。

果然，新定价出台后，并未阻挡顾客的脚步，这不仅使得 Ringer Hut 迅速起死回生，甚至使之业绩攀升了一大步。

2009 年 12 月，既有门店的营业额与上一年度同期相比，涨幅高达 100%，至 2010 年 2 月期决算显示，虽然公司营业额有所减少，但盈利达到 5.21 亿日元，是上一年同期的 27 倍之多。而到 2011 年 2 月期决算时，已然实现了营业额与利润的双增长。

从案例中可以看到，虽然 Ringer Hut 之前在使用价格低廉的进口食材，也借鉴了麦当劳的经营模式，但企业亏损了。但是，当其反其道而行之，使用价格较高的国内食材，同时进行了一系列降低运营成本、提高服务质量的举措后，反而使之盈利了。为什么 Ringer Hut 没能复制麦当劳的成功，而借鉴了丰田模式后成功了？问题的根源在哪里？

企业的持续发展所依靠的根本不是销售额，也不是社会声誉（虽然它们也非常重要），而是利润率。也正是基于此，如何抓住利润率，便成了经营者必须考虑的问题，也是精益管理的基本原则和思考出发点。

Ringer Hut 及时吸取了一个惨痛的教训后，几经周折，最终找到了适合自己的新型经营模式——在保障食材新鲜、健康的基础上，降低运营成本并大胆提高产品的定价。食材的质量决定了客户的满意度，而降低成本、提高定价才能使企业在销售同量产品后提高利润率。

那么，从 Ringer Hut 的这个经历中，我们应该学习什么呢？

每种经营模式都可能带来成功，但是并非每一种模式都适合自己。具体而言，当一种经营模式在不同的时间、地点，甚至由不同人来启动时，它都可能创造出不同的结果。

如果看到某个企业启动了某种经营模式，并取得了成功，便快速地拿到自己的"领地"里全面推广，那么这种拿来主义并不会带来必然的成功，甚至可能给企业带来灭顶之灾。

不可否认，成功的经营经验确实是需要不断学习的，但却绝不可盲目地应用于实践。为了学以致用，企业经营者不妨在企业中先行开垦一小块试验田，待确认成效后，再行全面推广。

理念2　　　　　　　　端到端流程

很多企业经营者都明白，企业的持续发展所依靠的根本不是销售额，也不是社会声誉（虽然它们也非常重要），而是利润率。也正是基于此，如何抓住利润率，便成了经营者必须考虑的问题，也是精益流程管理的思考出发点。对此，我们通过对"端到端流程"的解读，来确保企业能够有效降低流程的输入成本，提升输出利润。

"端到端流程"指的是以客户、市场、政府机构及企业利益相关者为输入或输出点而形成的一系列连贯、有序的活动的组合。"端到端流程"对企业来说是非常重要的。

企业通过一系列的加工工序把原材料和零部件生产成客户需求的产品，或者通过一系列的服务工序让客户获得所需求的服务。在设计流程的过程中，既需要研究企业属性与规律，又需要考虑市场的影响因素，才能实现流程的精确化和有效性。下面，先分解一下这个业务流程的各个阶段，如图2—5所示。

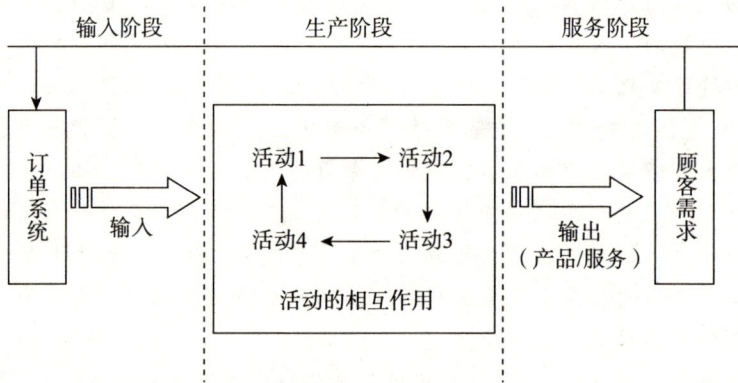

图2—5　企业流程系统简化

图2—5表达了企业为客户提供产品和服务的流程，它主要包括输入、生产和服务三个阶段，下面就各阶段的流程设计与作业技术的对接来解析上面例子中Ringer Hut对流程的改善。

Ringer Hut 改变了原材料产地，为了配合新产品的上市而进行了设备和服务升级。这些举措实实在在地提高了产品质量，但也使得每份杂烩面的成本上涨了 25 日元左右。

所以，从内部管理的角度来降低运营成本就势在必行了。为此，Ringer Hut 开始实行开源节流的措施。随后，各生产部门优先整顿流水线，以保证生产的稳定性和经济性，最终节约了人力成本。

而在新产品定价时，董事长米滨大胆决策，将定价在原有基础上平均提高了 100 日元左右。这大大提高了企业经营的利润率。

随着顾客盈门，Ringer Hut 的利润额向人们预期的那样节节攀升，经营盛况空前。

这也给了我们一个启示：在产品质量满足了顾客需要的基础上，开源与节流可以同时进行，企业必然可以实现可观的盈利。这才是企业精益经营模式的核心所在。

由此可见，端到端流程能够有效打通企业流程的大动脉，从全局的角度来企业整条流程的流转，注重的是系统性和整体性。

企业要实现端到端的流程管理，则需要企业根据实际情况，明确需要管理的端到端的事务。可以采用提问式的思考的方法，步骤如下：

①生产部内部各岗位之间需要联动管理吗？为什么需要？有什么价值呢？迫切吗？为什么迫切呢？

②集团、分支机构的生产需要联动吗？当前的管理水平是否达到了？时机正确吗？

③需要把研发、生产、销售联动起来吗？当前的管理水平是否达到了？时机正确吗？有什么价值呢？迫切吗？为什么迫切呢？

④和供应商之间的跨企业流程需要怎样加强呢？这个生产流程是否需要一直延伸到客户甚至是客户的客户呢？当前的管理水平是否达到了？时机合适吗？有什么价值呢？迫切吗？为什么迫切呢？

在建立好企业端到端的流程后，我们借助图表的形式来表述，如图 2—6 所示。

每个企业都可以按照以上对端到端流程的描述，将实际业务的关键事务加以识别与分析，不断改善流程管理中混乱和低效的因素，将企业的业务流程发展为高效、有序的端到端流程。

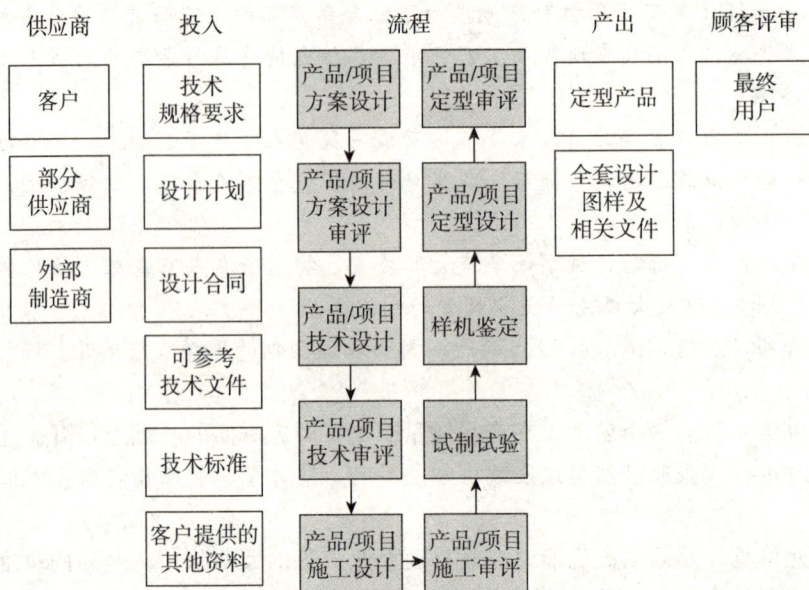

图 2—6   端到端流程的业务框架

辅助阅读

奖金发放的繁复流程

　　某企业的人力资源部屡次接到员工的投诉，理由为奖金的发放不及时。但人力资源部主管觉得奖金发放流程本身没有问题，平时都是严格按照奖金发放流程来执行，所以他们不应该承担责任。经分析，奖金发放不及时主要有两个原因：一是每月奖金核算数据交到人力资源部的日期不确定，经常有延误现象；二是业绩核算方法频繁变化，当数据不正确时，来回反复确认工作非常耗时。而奖金核算部门认为人力资源部并没有对核算的时效做出一个明确的规定，人力资源部又不能将存在问题的数据及时反馈到核算部。

　　这个案例有力地说明了"端到端流程"的必要性和重要性。从客户需求来看，要满足这一共同需求不仅仅是奖金发放流程，还有奖金核算流程，所以，单纯地强调奖金发放流程是不够的。只有把开始核算数据到奖金下发再到员工账户看成一个完整的端到端流程，才能有效地解决此问题。

案例 3　　　　　　　　　全面改造信息流程

我们知道，每完成一次业务操作，都需要经过多重控制体系，并且在业务处理过程中，每一个步骤的落实最终都会具体到个体操作者身上。如果信息化系统操作者对系统不甚了解，仅仅将传统的操作和管理手段照搬到信息化系统中，那么势必难以得到任何形式的效率节约。

因此，对信息化系统使用人员的信息化培训，使开发人员对相关业务充分了解，这是管理者亟须解决的一个问题。但是，在满足了这些基本要求之后，管理者要想更进一步解决效率节约的问题，就需要多方面、各层次的配合，制定更为合理的操作模式，这样才能保证以信息化带动效率的提升。

2003 年前，小松制造所一直沿用 DBASE 数据库管理系统。由于市场发展迅速，小松制造所决定建立起一套分销管理信息化系统，主要包括：业务处理流程、业务模型以及应用系统。其目的是通过建立这样一套信息化系统，对企业的日常业务管理数据进行计算机管理。

在对公司业务特点和管理需求进行分析后，小松制作所决定将企业的采购、销售、库存管理及财务管理和网上订单处理的业务集成在统一的系统中，并通过网上订单进行数据收集，使得企业库存数据和产品销售数据可以进行代理商考核和产品市场分析，为企业的经营活动提供翔实的数据，以供分析。

以代理商订购零配件为例，首先查询库存情况。如小松有现货，则直接发采购订单；如无现货，则发出《采购申请单》。而小松制作所在收到采购订单后，则直接发货给代理商；如收到《采购申请单》，则向制造厂商发出订单购货。根据供货时间紧急度，可分为三种程度：紧急（1 天供货）、半紧急（1 周内供货）和普通库存补货（2 周内供货）等。

小松销售的机械设备通常是工程用的大型设备，对供货时间也有严格要求，因此，如果代理店遇到客户提出需求时，必须以最快的速度送达客户——这不仅需要快速与小松制作所联系，有时甚至还需要小松全球供应商的即时反应。

目前，小松的零配件正常库存品种为 10 000 种左右，而代理店一般为 6 000～7 000 种。由于某些零部件所需占用的资金量很大，而一般代理店出于资金周转的考虑，通常也不会储备过多备件，这便对整个需求链的流畅以及库存的最优、最经济等，都有了较高的要求。

随后，小松对自身的业务系统进行了全面的规划和设计：整个系统能够提供零配件完整的采购订货，直至采购结算的采购业务流程管理；能够提供完善的整机销售和售后服务跟踪管理；能够提供专业的销售开单、开票管理，支持销售发票核销处理和应收账款账龄分析；能够提供多属性的仓库管理以及库存商品成本核算等。

通过系统的实施，小松的整个分销渠道及其下属办事处、代理店等，都能够通过互联网实现订货、库存、销售、应收应付管理等业务，整个公司也能够展开更为有效的监控和评估业务，并更广泛地收集各分销环节的库存、销售、回款等数据信息，以助于更精准地决策。

总之，该信息系统上线后，小松代理店的服务水平和竞争能力大大提高。

此外，代理店通过信息系统对小松的管理模式也有所了解，帮助代理店的经营者们及时了解自身企业的运营状况，每天都可以查阅到企业的经营情况，更有效地实现精益供应。

企业生产信息的系统化管理，如今已经成为一种必然趋势。因为企业内部信息的疏通与科学化的管理，乃至信息共享的实现，都将为企业经营提供支持。

从案例中，我们可以看到，小松制造所改变了传统的管理方式、业务流程和组织结构，有机整合了企业的外部与内部价值链，将上下游企业之间以及企业内部的各种业务及其流程视为一个整体过程，从而形成了一个集成化的价值链。而从采购原材料开始，到在制品、最终产品，最后由销售网络将产品送至客户手中，这条价值管理链条不仅是一条连接供应商到客户的物料链、信息链、资金链，还是一条增值链。当然，它也需要企业内部和企业之间的通力合作，使企业内部和外部分担的采购、生产、分销和销售的职能和流程协调发展。

以价值链的改造为基础而作出的信息系统改造，为小松制造所保证了精益化供应。

理念3　　信息化桥梁

信息化的概念起源于 20 世纪 60 年代的日本，首先是由日本学者梅棹忠夫提出来的，而后被译成英文传播到西方，西方社会普遍使用"信息社会"和"信息化"的概念是 20 世纪 70 年代后期才开始的。时至今日，国内推行信息化管理的企业已经达到了半数以上的规模。

信息化的定义

关于信息化的概念，通常的理解是这样的：信息化代表了一种信息技术被高度应用、信息资源被高度共享，从而使人的智能潜力以及社会物质资源潜力被充分发挥，个人行为、组织决策和社会运行趋于合理化的理想状态。同时信息化也是 IT 产业发展与 IT 在社会经济各部门扩散的基础之上，不断运用 IT 改造传统的经济、社会结构从而通往如前所述的理想状态的一段持续的过程。

迄今为止，信息化生产力仍是人类史上最先进的生产力，并要求先进的生产关系和上层建筑与之相适应，推动一切不适应该生产力的生产关系和上层建筑随之改变。完整的信息化内涵包括以下四方面内容：

（1）信息网络体系，包括信息资源、各种信息系统、公用通信网络平台等。

（2）信息产业基础，包括信息科学技术研究与开发、信息装备制造、信息咨询服务等。

（3）社会运行环境，包括现代工农业、管理体制、政策法律、规章制度、文化教育、道德观念等生产关系与上层建筑。

（4）效用积累过程，包括劳动者素质、国家现代化水平、人民生活质量不断提高、精神文明和物质文明建设不断进步等。

经过简单分析，我们可以看到：流程管理是信息化的启动点，消除了金字塔的塔尖阻塞现象，信息化才能真正流畅起来。可以说，一个好的流程管理体系正是信息化建设取得成功的关键。

无论是业务流程重组，抑或业务流程改进，都离不开对业务逻辑的理解和对大量决策数据信息的统计。面对流程管理信息化的重重迷局，企业管理者必须从思想理念上认清流程管理信息化的本质，抓住信息化管理的关键点，根据企业当前的流程运作状态，采取行之有效的措施，推进以流程为导向的信息化建设进程。

信息化的推广

推进以流程为导向的信息化建设，企业管理者必须在充分分析企业运作流程的基础上，结合不同企业的业务特点及对信息化的基本要求，进行信息化的规划、系统建设以及系统维护，实现 IT 技术对流程管理的有效支撑。以流程为导向的信息化建设内容框架如图 2—7 所示。

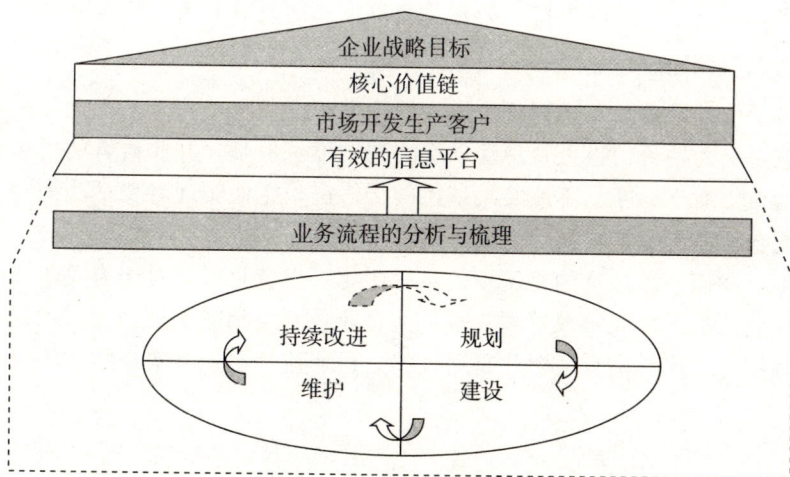

图 2—7　以流程为导向的信息化建设内容框架

身为企业经营者，应侧重于对企业经营信息的控制，更有效地调配资源，进而实现精益供应。我们从小松制造所可以看到，信息系统的全方位改造使其信息管控更有力，而内部经营运作也因信息资源得到共享而更为顺畅。

信息必须是可以共享的

实现信息共享的最直接方式即构建信息平台，实现企业信息化。信息化是信息共享的最高阶段，企业信息化管理实质上是将企业的生产过程、物料移动、现金流动、事务处理、客户交互等业务过程加工生成信息资源，提供给各管理层级的人员。在信息共享的实现过程中，应遵循以下原则，如表 2—6 所示。

表 2—6　　　　　　　　　　　　信息共享应遵循的原则

原则	具体说明
选择性	不是对所有信息都要实施共享，对部分信息要注意对外保密。
准确性	当信息能被接受者所理解时，这才是准确的信息，这次沟通才具有价值。
完整性	信息共享必须以维护组织的完整性为前提。
及时性	信息具有时间价值。通过及时地实现信息共享，可以为企业节约时间，提高效率，避免因信息过时而导致失误的出现。
方式多变性	信息共享不一定必须是在汇报和会议中达成，非正式组织沟通有时候也可以作为信息共享的方式，"小道消息"也能体现出员工的意愿。

信息共享的实现，为企业作出有利于生产要素组合优化的决策、实现资源合理配置等，提供了有力的支持，为企业获得更大的效益奠定了基础。

对信息系统的改造必须是全面的

创造价值的活动过程是以价值链为载体进行的。企业管理的重点需放在价值的驱动上，努力使价值链上每项活动都实现增值。但是，并非所有的价值链都可以实现增值。对于诊断出不能实现增值的价值链，企业管理者要适当地通过内部与外部整合，使价值链实现价值最大化。

另外，我们还需注意的是流程信息透明化。也就是说，对于有关于流程的信息，在企业的员工之间实现资源共享，使企业各阶层都能了解到流程的进度、生产计划等信息。流程信息透明化是通过建立透明流程组织来实现的。

辅助阅读

透明流程组织

对于透明流程组织没有准确的定义，可以通过一个简单的例子来看一下这种组织的特征。

某企业的采购部门因为掌控着大量的采购支配权而成为最有"油水"的部门，而实行流程信息透明化之后，该企业将采购过程进行分解，如图 2—8 所示，在这之间的所有环节都有一定的权力，部门之间互相约束，使得采购的过程变得透明。

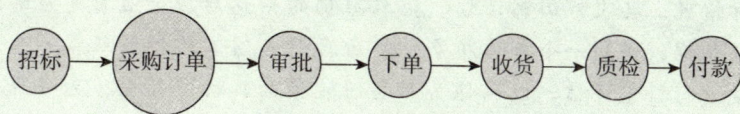

图 2—8 采购流程

依此类推，企业内部的所有运营业务都这样进行分解，使得部门之间没有"秘密"，这样一个组织形式就是透明型组织。

透明型流程企业的结构图如图 2—9 所示。

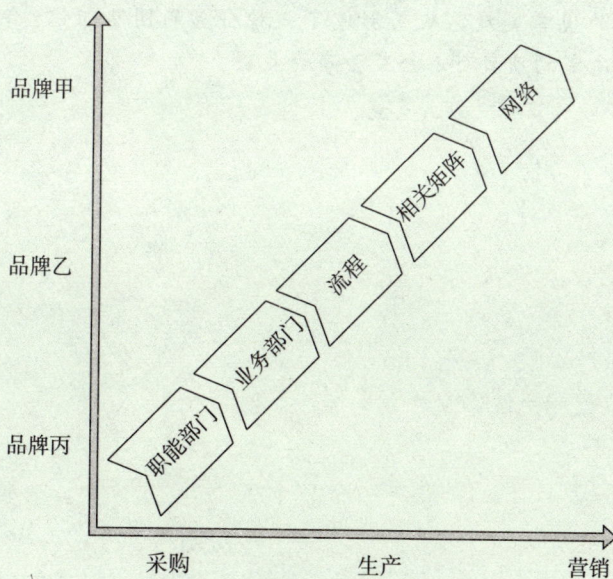

图 2—9 透明型流程企业结构

图2—8不仅显示了透明的流程组织的特点，还展示了透明型组织的发展历程。一个组织之所以是一个透明型组织，是因为该组织对于产品的生产过程不是由有限的几个职能型组织所掌控，而是在所有的成员之间围绕产品的生产形成了一个网络。在这个网络中，所有信息实现了资源共享。

透明流程企业的建设可以通过以下三步来实现：

第一步：要把企业内部的关键员工聚集到一起。选派的人员同时服从于原所在部门和透明流程组织的双重领导，肩负起传播新思想的责任。

第二步：首先，获得重要信息。对于正式信息和非正式信息要给予同等重视。非正式的信息又称为小道消息，它相比于正式信息能更准确地反映企业的实际情况。其次，编制计划。获取准确的信息后，企业首先应对信息进行有效的整理，得到一个整体印象。然后再对各项工作按照所需资金多少和重要程度进行科学评估，以确保其可行性。最后，检验结果。为了保证信息的始终透明，透明流程组织成员应实时地反馈计划执行后，其原所在部门内部的变化。

第三步：为了让透明流程团队能够顺利地开展工作，企业必须给予团队相应的权限。例如，某企业规定40万元以下的项目，透明流程团队可以自行决定。同时，为了保证团队工作的公平开展，团队必须建立与之相适应的指导方针和客观的规章制度，从而形成了一种自我的团队组织。对于重大的、团队无法单独决定的项目可以移交董事会裁决。

第3章

精益流程再造

　　流程再造是一项企业活动，以打造顾客价值满足的业务流程为核心，重点打破企业按职能设置部门的管理方式。这种以业务流程为中心的管理方式，能够从整体上确认企业的作业流程，追求全局最优。

第 1 节　顾客价值分析

　　顾客是否会购买某一产品或接受某种服务，从最根本的意义上来说，取决于两个方面：一方面是该顾客可能获得的满足，即其所得到的效用或价值，比如质量、舒适度、优惠的价格、满意的服务等；另一方面是顾客在得到这一满足时的必要支出，即其所付出的代价和成本。两者比较，倘若效用大于成本，顾客就会倾向于购买；而倘若成本大于效用，顾客则可能会放弃购买。

案例 1　　　　　　　　　需求拉动价值

　　在福特发明流水线生产方式时，T 型车处于供不应求的状况。流水线式的大规模生产形成的大量产品，可以在较短的时间内销售出去。这时候，库存的影响似乎被弱化，大规模生产也没有表现出不适的"症状"。但是，当消费者对汽车的需求渐渐多元化时，流水线的弊端就会慢慢暴露出来。回归到本质，就是规模化生产未能顺应供给与需求关系的变化。

　　在传统的推式生产中，我们可能需要接收并处置多余的存货，为此我们不得不提供更多的场地、更多的时间、更多的管理投入，而且还不一定保证有效率。如果我们把生产中的下一个环节当作客户的话，流程之间的在制品就是大量存货，所引发的问题就是批量生产带来的各种问题。

　　那么，拉动式生产方式是什么？这一概念又是如何产生的？

　　大野耐一认识到，为了保证流程的顺利运行，持有存货是必需的。但是，在推动式的生产方式中，很容易就会产生生产过剩的情况，形成极高的库存成本。举例来说，因为每个部门都会按照事先对客户需求的预测进行生产，而客户的需求可能会随时改变。为了减少设备切换（这一过程往往会造成高成本）的情形，A 部门会首先生产数量最多的 a 产品。而这种产品却可能不是 B 部门被需要最多的 b 产品所需要的原料件，因此，A 会在生产 b 产品所需要的原料件时加大生产量，作为存货，以应对 B 部门的需求。所有的部门都存在这种情况，于是大量的存货产生。

　　大野耐一在观察风靡美国的超级市场时发现，超市会储存一定量的存货，当货架上的产品被消费者买走时，超市会从仓库提取该产品补充到货架上，也会在必要的时候向供应商发出取货的订单；假如货架上的产品没有被买走，自然不需要补货，也不需要从供应商处订货。受到这种模式的启发，大野耐一开始假设一种减少库存的流程，于是产生了"从后工序到前工序取件"的拉动式生产——每拉动一下后一道工序，这条生产线就紧一紧，从而带动上一道工序的运转，消除了库存。

丰田公司不仅自己推行拉动式生产，还致力于向其供应商和合作伙伴推行这一方式。其在北美的保险杠供应商弗莱克斯—N—盖特公司就是其中一个例子。

1970年，沙希德·卡恩进入弗莱克斯—N—盖特公司下属的保险杠公司工作时，他见识到的是大规模生产的车间。在那时候，批量生产是一件非常正常的事情，大批量地采购原材料也是理所当然。因此，保险杠公司有专门的仓库，用以存放钢板原料，并且会储存保险杠的半成品，以便批量运送至镀铬厂统一镀铬……一切都是典型的批量处理模式。1989年，保险杠公司成为丰田在北美的独家保险杠供应商，其批量生产方式与丰田的拉动式生产发生了冲突。于是，丰田派人到卡恩那里，指导他们进行拉动式的精益生产改善。

丰田的工作人员知道，让现有的工厂转变为完全的"一个流"是不现实的，只能一步步来。于是，他们先致力于将原本冗长的2个小时的换模具的时间压缩到十几分钟。

保险杠的生产流程是：放板材，下料机将板材切割好，然后送到冲压机床处加工成形，接下来成形件镀铬，再回到焊接车间焊接，最后出货。

工作人员把工厂现有的设备重新组织，将整个处理流程衔接起来，并规定，只有被下一步拉动时，整个流程才运转起来。也就是说，下料机只有从冲压机处得到信号才干活，冲压机只在接到焊接车间的指令后才生产。

由于当时大部分客户仍是大批量订货，保险杠公司仍然采用日进度表方式生产，不过实现了订单的均衡化（关于均衡化的问题将在下一节讲述）。比如需要A 10 000个，B 8 000个，则安排每日各生产500个和400个。日进度表交到焊接车间，焊接车间生产A所需的各部分零件用完后，焊工会把空零件箱和有关的看板、信号卡等放到短滑轨上，滑回冲压机床，这相当于给冲压机床发送了工作的信号。同样，冲压工耗用完生产A的材料后，会向下料机发送信号，索要材料。

由于换模时间的压缩以及生产线的整合，保险杠厂拥有了快速对客户需求做出反应的能力，从钢板入库到保险杠送到客户手中所需的时间由4周变为2天，质量也得到大幅提升。到1995年，该公司已经连续5年没有向丰田发送过一个不合格的产品。

结合案例所述，以上成就得益于对供需变化的灵活掌控，这些都是精益流程思想和拉动式生产思想结合的产物。

这里提到的需求拉动价值并不仅仅是指消费者带来的需求，也可以将下一个工站、下一个部门当作需求的提供者，将满足该需求定义为顾客价值的实现，从而打造精益化的流程管理。

理念 1　**顾客价值的内涵**

　　顾客价值期望来自顾客的利益需求。而时至今日，人们对产品或服务的需求满足已由最初的产品或服务的使用价值跃升到附着在产品或服务上的非物质价值了。对于这一改变，我们首先来分析一下何为顾客价值。

顾客价值定义分析

　　中外学者对于顾客价值究竟是什么，不同的时代有着不同阐述。据笔者收集的资料来看，国外学者对顾客价值的研究主要集中在以下几个方面：一是什么是顾客价值，也就是顾客价值的定义与内涵问题。二是在正确认识顾客价值的基础上，企业如何为顾客提供优异的顾客价值。此外，还有一些学者试图对顾客价值做定量化研究，一些学者对当前企业在实施顾客价值工程时存在的障碍问题进行研究；等等。

　　虽然顾客价值的定义繁多，但仔细研究，这些定义有以下几个突出的共同特点：第一，认为顾客价值与产品或服务的使用紧密联系，关注的是产品的使用价值（效用）和产品购买成本，体现的是产品中心论，即将消费者购买决策归因于产品本身的设计与性能。第二，认为顾客价值是顾客感知的价值，它由顾客决定，而非企业所能够把握。感知价值是顾客权衡的结果，即顾客内心对自己所得与所失的一种直观比较。第三，认为顾客价值由企业提供。第一、三两点体现的是企业视角的顾客价值观点，第二点则是一种无法量化和把握的概念。这些观念给企业实施基于顾客价值的发展战略造成了困难，这也是西方顾客价值早期研究的一个缺陷，究其原因，主要是企业视角的顾客价值识别偏离了顾客价值的本质。

　　如今，对顾客价值的理解应包括三个方面：一是顾客对企业的价值，也就是顾客对企业的意义、重要性、必要性，即顾客价值效应；二是企业传递给顾客的价值，也就是企业为顾客选择、创造、提供的价值，即顾客价值传递；三是顾客对价值的看法，也就是在顾客看来有什么意义、是否重要、是否必要，即顾客价值期望。因为企业要生存发展必须追求自己的组织效率，因此，必须要认清顾客价值对企业的意义，其次要了解顾客需要什么、顾客眼中的价值是什么，然后集合自己的资源在对企业有意义的前提下把顾客需要的价值传递给他们。顾客价值不是一个静态的概念，而是一个动态的系统工程，是现代企业经营的本质所在。

顾客价值内涵分析

（1）基于动机—诱因说的顾客价值期望。

顾客价值的以上三层含义，其中顾客视角的价值即顾客价值期望是最为重要的，不仅在于它是顾客价值含义的集中体现，更在于其把握的不可确定性。因此，要正确把握顾客价值的内涵，必须从其本质开始，从顾客价值期望形成的原因开始分析。

基于顾客视角的顾客价值期望并非天然自生的，它来源于顾客的利益要求。顾客利益要求又始于顾客动机，即人的需求。对于人的动机，有多种说法，但大多把人的物质需求作为第一动机。巴纳德也把人的动机分为不同的层次，但他把经济利益的利己心放在第四位上，认为人并没有太强的经济利益动机。

（2）基于有效性—效率说的顾客价值效应。

巴纳德认为，"组织是具有相互传递意向能力的人群为了达到共同的目标，想到主动做出自己的贡献的时候才会产生。因此组织的构成要素是传递、贡献意向（协作意向）、共同的目标"。"组织的产生与当时这三要素是否同外部情况相适应地结合在一起有关，而组织的持续存在则要依赖于协作系统能否维持其平衡。这种平衡原本是内在的，即各式各要素间平衡的问题。但是归根到底它是协作系统与外部所有情况间的平衡问题。这一外部平衡必须满足两个条件：第一是组织的有效性，第二是组织的效率"。"不论是简单的组织抑或是复杂的组织，都是一个将人的努力统括起来的非人格系统。在那里既要有作为控制、统一的原理目标，也要有传递能力和人的（合作）意向，而为了实现目标和使贡献不断地持续下去，有效性和效率则是必要的条件"。因此，完成组织目标的是有效性，而满足组织成员个人动机的则是效率。人为了满足动机会向特定的目标进行某种行为，某种特定目标的达成通常满足了动机。但是根据行为的意想不到的结果，就有可能出现目标虽然是有效的但却没有效率，或者目标虽然没有效但却有效率的现象。

辅助阅读

网购中的价值体验

我们可以用这样的例子来说明顾客价值理论。顾客要买一双耐克的鞋子，专卖店售价是 748 元，而网上售价假设为 400 元。如果顾客在专卖店购买可以马上得到，加上车费不会超出 800 元。得到的价值除了鞋子外，还有虚荣心和快速的购买体验。如果在淘宝网上购买的话，要花一到两周去收集鞋款，还要在不同鞋款之间进行筛选，中间还要体验网店的服务水平。付款后，还要等待收到鞋子，当运输中间出现问题的时候，顾客会感觉自己投入的价值越来越多，当收到鞋子的时候，如果出现问题，那么顾客肯定会觉得投入大于自己的收入，自然会给差评了。总体看来，虽然网购价格不会超过 450 元，但是因为在顾客购买中期会发生收集产品、评价产品、购买产品和购后体验等体验，如果这些环节做不好的话，会使顾客觉得自己投入的成本虽然不会超出 800 元，但是绝对超出 450 元。顾客的让渡价值因而减少了，差评也就来了。

巴纳德根据人的动机，得出个人特征所给予的诱因有物质诱因、个人的非物质的机会、令人满意的物质条件和理想的恩惠。而作为普遍起作用的诱因有：与社会相联系的魅力、对于周围环境习惯性的做法和态度上的适应、广泛的参与机会和精神沟通。根据人们动机的层次和满意度来讲，物质诱因不可缺少，但比重和物质需求提供的满意度已大大降低。因此，对于顾客的诱因，要从质量、给予顾客以信用、良好的交易环境、良好的服务态度、一贯性、参与机会和伙伴意识等几方面考虑。

案例 2　　　　与顾客产生共鸣

调查顾客需求，了解顾客需求，这是几乎所有企业都在做的事情。有的企业旨在满足顾客需求，有的企业意图创造顾客需求。而无论是对于满足抑或创造需求，都需要基于一个最核心的基点——让顾客认识到"这个商品是我需要的"。

自创业之始，三得利公司便一贯秉承"以顾客为中心"的经营与创新的理念，不断倾听顾客意见，努力提供顾客所需要的、高品质的商品。

为此，该公司的研发团队专门制订了"三不"原则，即："不要随便起名字，不要随便搞设计，不要随便确定实质内容。"

他们认为，唯有提供了顾客需要的商品，才是最有效的经营、最精益的做法。如果所提供的商品不为顾客所需、所喜，那么纵然设计、生产再多，也不过是在浪费时间、物力和人力而已。

以 DAKARA 饮料为例，便是三得利经营与创新理念的结晶。DAKARA 于2000 年问市，然而它的广告至今仍令人难忘。一提起清凉饮料的电视广告，人们就会想起明星们"喝"饮料的场面，然而 DAKARA 却出人意料地安排一个童偶形象面对观众"小便"。这个主题看似随意，但实际上却耗费了研究团队两年多的时间进行调查、研发。

为了倾听到顾客的心理话，研发团队走出了公司，去各种场所调研采访。他们发现：在大多数情况下，顾客并不把买饮料当成一件了不起的事情，只是凭感觉来购买。"顾客究竟感觉到了什么？我们只有亲自询问并真正了解顾客进行怎样的活动、生活中有什么样的感觉才能搞清楚。"

当然，在反复的"采访——设定概念——推翻概念——再采访"的过程中，研发团队也在彻底研究和模仿当时的市场品牌。

终于，他们挖掘到一个饮料的重要因素——很多顾客都希望通过饮料来"治愈并保护自己的心情"。由此受到启发，他们创造出"MOTHER 饮料"的概念。

接下来，他们从这个表面概念作为思考出发点，开始开发具体的概念。他们从不同的饮料功能展开联想，并深入到便利店、医院等场所，感受顾客购买各类饮料时的心情，并逐一进行记录。

他们通过不断地比对，研究市场上各类品牌饮料概念之间的相似点和不同点，意图以此来设计一个与其他饮料截然不同的概念。

最终，他们确定了一个真正的概念主题，即："一种值得信赖的身体均衡饮料，当你感到有些吃不消，它能够在不注重养生、不规则的生活中守护现代人的生命"。

这样，当顾客每次喝 DAKARA 饮料时，便会透过研发过程中出现的 MOTHER、护士等词语产生同感："的确是这个感觉"。如此一来，便与顾客实现了情境共享——顾客和商家共享某种思想和意象。

随后的销售实况也证明了三得利创新理念的正确性。因为这款饮料上市后，便为三得利带来了巨大的销售量，并一举攻破了当时饮料界的名牌阵营。

当时，DAKARA 实现了持续性的高速增长：第一年就突破了 1 500 万箱，第二年 2 470 万箱，第三年 3 400 万箱。

在运动型饮料市场，大球制药公司的 POCARI 饮料的年销售量大约是 6 000 万箱；日本可口可乐公司的 AQUARIUS 运动饮料的年销售量是 5 000 万箱左右。一直以来，两者共占市场份额的 90% 多。这两大饮料持续垄断市场 20 年，没有给其他公司打入市场留下缝隙。

然而，DAKARA 在 24 小时便利店（占饮料业销路的两成）的销量却已经超过 POCARI 饮料，跃居首位。该饮料问世的第二年既获得了名牌的称号，也攻破了两大名牌的阵营。

事实上，每个商品问世后都是有一定的顾客的。但是，销量却不尽相同。其根源便在于商品满足客户需求度的差异。顾客需求满足度高，则销量高；反之，则销量低。

也就是说，如何让顾客充分认识到此商品之于自己的需求度远远高于彼商品，这是非常重要的。

就像三得利食品坚持的那样："唯有提供了顾客需要的商品，才是最有效的经营、最精益的做法。如果所提供的商品不为顾客所需、所喜，那么纵然设计、生产再多，也不过是在浪费时间、物力和人力而已。"

三得利食品的这种精益思维是非常值得称道的，其做法亦是值得借鉴的。

必须创造一种好的"场"

在商品研发过程中，"场"的建立会给人们留下深刻的印象。

如三得利便在设计 DAKARA 时，创造了一种有助于与顾客发生情感共鸣的"场"，让顾客感觉到 DAKARA "是一种值得信赖的身体均衡饮料，当你感到有些吃不消，它能够在不注重养生、不规则的生活中守护现代人的生命"。这会使人们在饮用时，产生一种乐观积极的心态。

为研究团队设计接地气的组织方式

通常情况下，企业会采用流水作业方式，领导决定理念后向研发部门下指示，单方面地推动工作。这种经营管理模式相对简单，但是，由于不接地气，与顾客相互之间的联系并不紧密。而如此研发出来的产品，自然难以真正满足顾客的内心，最终的销量必然不会乐观。那么，随之而来的便是研发成本、生产成本、库存成本等一系列浪费问题的诞生。

为了避免这种情况的发生，三得利的研发人员都参加到研发工作中，积极主动地探寻顾客的真实需求，如此便可以有效创造双向推动工作的、动态的关联性，才有助于创造我们前面所说的"场"。

从"表面概念"到"真正概念"的发掘

而三得利的"三不"原则使之不会随意确定商品的概念。它们的研发人员会去现场找寻隐藏在数据背后的无形的含义和情境，与顾客在现场一起进行"共同体验"，这就是创造"与顾客融为一体"的"场"的过程。从这个"场"产生了新的含义和知识，诞生了真正的理念。

也许其他企业也采用现场观察顾客的做法，但它们大多数都是分析性的观察，主体与客体是相分离的，那样就不能共享情境。

不仅如此，在"以共享直接经验、实现主客一体、形成同一关联性的姿态进行观察"这一点上，也有决定性的不同。

实践证明，三得利创造的这个"场"，无疑击中了顾客的内心需求点，可以直抵更多顾客的内心深处。这也是三得利 DAKARA 一经问世便销量空前的根本原因所在。

理念2 　　　　　　　　　　　购买行为的背后

福特不顾客户需求坚守 T 型车的代价就是丢失了大量的市场份额，而通用汽车的后来居上则是迎合顾客需求的结果。事实表明，"得客户者得天下"，而争取客户的关键就是从客户的角度出发，了解客户的需求。下面这个例子更直观地表现了客户所需与企业所想的断层。

丰田汽车通过调查发现，那些事业有成、地位卓著的成功人士通常不会考虑购买丰田汽车。因为当时，丰田汽车虽然具有高品质、省油、经济等特点，但是完全不符合豪华汽车的特点。当时日本车给公众的印象就是实用、可靠，但绝非豪华车。为了打开豪华车市场，丰田进行了详细的客户调查。

丰田发现，20 世纪 80 年代豪华车车主在考虑购车时所考虑因素的重要顺序如下：身份地位和高端形象，高品质，转售的价值，车的性能，安全性。可以看到，豪华车的客户群最关注的车的特点是其高雅的外观和优越的品质。了解到这些后，丰田的研发目标集中起来：拥有高贵典雅的外形，同时要想超越其他豪华车品牌比如奔驰，还必须拥有比它们更胜一筹的品质和性能。最终，"凌志"问世，成为当时美国市场上最畅销的豪华车。

通过这个例子我们发现，不一样的客户对产品的期望是不同的，以前那种一味地追求高品质、经济省油的思维也许并不适合另一人群。只有切实调查与把握目标客户的需求，才能创造出对他们来说最有价值的产品，也就实现了企业价值的创造。

顾客价值确定法是一整套流程，在启动顾客价值确定流程之前，必须已经选定目标顾客市场，明确知道哪些现有或潜在的顾客对组织具有重要的战略意义。

定义顾客价值维度

流程从识别顾客的需要或价值开始。顾客想从与供应商的关系中得到很多东西，这些东西称为顾客价值维度。营销管理者有必要明确了解这些价值维度是什么。一个顾客价值维度也许就是所购买产品或服务的某个部件或特征（比如，产品的质量、耐用性）、服务（如按时交付、订单完备性等），但也有可能是一些无形的体验，比如，顾客对于供应商的信任感或是认为遇到麻烦时供应商值得依靠的信念等。总之，对顾客价值的理解驱动着流程的一切活动，因此它在整个流程中显得极为重要。

选择有战略意义的顾客价值维度

随着顾客变得越来越苛求，结果是顾客价值维度越来越多、越来越复杂，但是，并不是所有的价值维度会对他们更换品牌的决策或满意度产生同样的影响。例如，对于一个想购车用于交际的顾客来说，"有面子"这个价值维度对其购买决策的影响显然要比"音响配置"这个价值维度大得多。因此，企业要从众多的顾客价值维度中选择那些有战略意义的顾客价值维度。

预测顾客价值的变化

前两步有助于发现、发掘顾客目前的希冀价值，不过，顾客的看法会发生变化，但很少有企业去主动预测这种变化。一旦企业能够提前感知、预测顾客价值的变化，那么，就能通过顾客价值交付战略做出相应的改进加以应对。

评估价值交付中的顾客满意

前三步重点在于对顾客价值的理解，仅此还不够，企业还需要了解顾客对其所交付价值的评价。如果顾客满意，说明企业对顾客价值的理解和交付都是正确的；如果顾客不满意，就需要考虑是否要调整价值交付战略，或者是对顾客价值维度的理解存在偏差。

分析价值交付问题

如果顾客不满意，就说明价值交付过程存在问题，有必要进一步深入分析其内在原因。这种探查所获得的结果对于确定以顾客的眼光来看企业应当在哪些方面进行改进是必不可少的。

辅助阅读

如何对待坏客户

坏客户能够为企业带来短期的利益，但非常有可能造成长期利益的损害。企业应该警惕坏客户的存在。管理畅销书作者、盖洛普咨询公司资深专家柯特·科夫曼在《由此，踏上成功之路》一书中谈到，坏客户有 6 大症状。

1. 让员工崩溃

如果敬业的员工纷纷躲避某个客户，就证明不是你的员工没有能力，而是这个客户有问题。

2. 问题多多

怎么都无法讨好的客户，常常在合作中"找茬"，没有理由地从中作梗。这种客户会让人焦头烂额、精疲力竭，浪费过多资源。

3. 蛮横无理

企业与客户之间正常的相互尊重的关系被这一类客户破坏得一干二净，对于企业或是员工与之沟通的努力视而不见。

4. 设置障碍

拒绝合作、拒不提供必要资源、拒不采取必要行动。

5. 价格至上

把合作关系仅仅建立在价格之上，价格一变动便有诸多要求。

6. 滥施淫威

顾客至上，通常情况下是对的。但是如果顾客吹毛求疵，滥施淫威，就会失去平等合作的关系。

坏客户所关心的只有自己的利益，丝毫不考虑对方。他们通常不会是忠诚的客户，甚至会耗掉你本来可以放在好客户身上的一大部分资源。

坏客户会让你的员工崩溃，如果你选择了他们，就会失去员工的忠诚。为了不忠诚的客户而丢掉了忠诚的员工或是员工的忠诚，得不偿失。

案例3　　定置直销模式的推广

从企业经营的角度来讲，满足客户需求的产品设计无疑是最精益的方法。在现代社会中，个性化是新时代年轻一代追求的价值观之一。因此，如何创造个性化的产品来满足顾客需求，便成为众多企业的梦想。而在企业管理中对产品所要求的个性化特点，则成为一个客观和严肃的需要。

在美国，最近推出了一种新型个人化报纸——《华尔街日报》个人版，每月只需要支付 15 美元，即可享受全天 24 小时的新闻剪报。读者每天早晨一打开电脑，即可读到一份专门为你自己设计的报纸，其内容基本上是你需要并感兴趣的。海尔推出"定制冰箱"只有一个月时间，就接到了多达 100 余万台的要货订单，相当于海尔冰箱全年产销量 300 万台的 1/3。所谓"定制冰箱"，就是消费者需要的冰箱由消费者自己来设计，企业则根据消费者提出的设计要求来定做的一种特制冰箱。无独有偶，北京今典房地产集团推出"空间蒙太奇"概念，购房者可以根据自己的意图任意组合房间内的空间，这一举动将"定制空间"带进了房地产界。

这种营销方式就是被世界著名营销学家科特勒誉为 21 世纪市场营销最新领域之一的"定制营销"。所谓"定制营销"，是指企业在大规模生产的基础上，进行市场极限细分，将每一位顾客都视为一个单独的细分市场，根据个人的特定需求来进行市场营销组合，以满足每位顾客的特定需求。

18 年前，迈克尔·戴尔（Micheal Dell）投资 1 000 美元创立了戴尔公司，如今销售额超过 800 亿美元，一跃成为全球最大的 PC 公司。戴尔总结自己成功的原因是"建立最好的生意模式、零库存运行模式和为客户'量体裁衣'定做电脑黄金三原则"。也就是定制营销＋直复营销模式。

定制营销的优点有：

（1）解决了企业盲目上马产品的风险、浪费和库存积压问题。定制的过程是一个极其理智的过程，是真正意义上的以销定产。

（2）定制的产品可以实现较高的增殖，其独一无二的产品和一对一服务的价值是普通批量生产的产品无法攀比的。

（3）快速响应顾客需求。在传统的坐商模式下，企业先生产产品，然后"守株待兔"。而定制营销要求企业快速根据"可度量"的营销活动满足客户的个性化需求。

（4）消费者对商品的要求不满足于达到规定的质量标准，而是要求满足个人的需求与期望，逐渐转变为差别消费。定制营销是个性化营销的重要手段，定制营销能使企业销售产品时变被动为主动，更好地迎合消费者，提高顾客忠诚度。

在激烈的竞争中，把大家都在做的事情做得好，或仅仅按部就班地做事情是远远不够的；我们还需要用与众不同的方法开发个性化产品，将任务完成得更加理想。像任天堂，它的每一个产品开发都在淋漓尽致地展现着其不一般的创意元素。这些创意不仅满足着玩家们层出不穷的需求，同时也帮助企业实现了快速成长。

这也给企业经营者一个启示：任何一个角度都可以成为企业开发个性化产品的出发点；而目标却必须圈定为一点：为客户提供个性化的体验。实际上，这又回到了我们在前面曾提出的一个观点："要集中力量做一件事，以专注来保证成效。"

换言之，我们既要以灵活的思维模式来释放创意、展现个性，同时也要限定思维的运作范围，避免因过度的释放而导致目标成果偏移，最终造成内部资源的浪费。

故而，我们必须放开思维，发掘个性，以有限的资源更好地满足客户需求，这样才能切实追求、实现精益目标。

理念 3　　　　顾客价值的满足

为了确保顾客价值得到最大的满足，企业必须使得顾客让渡价值最大化。

那么，在精益管理的过程中，如何更好地倾听客户需求、为客户创造价值呢？请记住：下一环节即客户。这句话有两层含义，一是我们的一切工作或活动都应该由客户需求来驱动，二是下一环节也是上一环节的客户。

以客户需求为导向

我们工作的目标是生产客户想要的产品或提供客户需要的服务。所以，我们应遵守"客户需要什么样的产品和质量，我们就生产什么样的产品和质量"的规律。这样即可保证产品或服务完全是客户所需的，能为客户创造更大价值，对精益管理起到引导和控制作用。

华为公司有这样一条理念："为客户服务是华为存在的唯一理由。"为鼓励大家积极收集高价值客户需求，它们甚至专门设立了"最有价值需求奖"。

"最有价值需求奖"是根据《"最有价值需求奖"评选管理规定》所设定的评选标准，筛选出对公司产品、解决方案、业务运营、服务、商业模式等具有最高参考价值的需求，而后对提交者进行表彰，从而在公司内形成关注客户需求的良好氛围，促进相关部门把握市场机会点，从而实现华为公司和客户的双赢。

在这种思维方式下，所有环节的操作都是为了满足"客户"需求，将满足客户需求作为自己工作的直接目标。

下一环节是上一环节的"内部客户"

"下一环节就是客户。"这表现在以客户为导向的整体企业活动上，还表现在上下工序环节之间的衔接。

从业务链条上看，上下游环节之间天然存在着一脉相承的关系，而下游环节需要上游环节的支持。如果上游环节不能为下游环节提供满足需求的产品或服务，那么下游环节将难以进行持续作业。试想，如果 A 环节交给 B 环节一件不合格品，B 环节照单全收，那么最后可能生产出客户满意度高的产品吗？

伊利内部有个很有特色的文化，即提倡"下一环节就是客户"的内部客户服务理念——在总部与业务单元之间、不同业务单元之间、部门之间、上级与下级之间、同事之间，树立互相服务、彼此协作的思想，以解决服务对象的实际问题为工作导向，摒弃官僚主义作风，形成"上游为下游，职能为直线"的服务链，协力将满意服务传递给终端客户。

如果我们没有为下一环节提供服务的意识，就必然影响本环节的作业水平，从而影响对外部客户的服务质量，最终导致企业价值受损严重。所以，我们必须在企业中形成"下一环节就是客户"的服务思维，在部门与部门之间、员工与员工之间建立明晰的客户关系，将客户导向引入日常工作管理中。

综上，参与精益推行的过程中，我们既要从外部客户的角度来思考，为之提供最优价值，同时，也要将下一环节作为"内部客户"，为之提供满意的产品或服务，因为这些产品或服务很可能影响最终客户的满意度。无论是外部客户还是内部客户，如果未能达成客户的需求，那么就是对企业价值无贡献甚至有害的，就是违背精益价值创造这一本质的。

贝纳通服装的个性服务

　　贝纳通公司是由意大利的三个兄弟和一个妹妹共同创建的，如今已经发展成一个在世界100多个国家拥有4 000多家分店、资产高达90亿欧元的时装帝国。

　　这个公司之所以能够取得如此巨大的成功，一个关键的因素在于"创意"。

　　比如，传统的服装制造商是先制造出服装，其服装的款式、颜色都是一定的，然后劝说各服装批发商或者零售商购买这些服装。而贝纳通公司的做法却与此不同。它们用天然的、不经漂染的衣料制成各个款式的服装，然后将服装摆放在自己的小店里，当顾客前来挑选衣服时，再依据顾客的喜好将服装染色。如此一来，每一位顾客都可以买到自己喜欢的衣服。

　　在当今竞争激烈的世界中，不管是个人还是企业，都需要运用创意来凸显自己的个性以及优势，从而促进我们将任务完成得更好。

第 2 节　解构业务活动

　　企业活动主要是由输入资源和输出产品引发的。这些活动构成了这样一个有规律的状态：从一定的环节开始，到一定的环节结束，并在这个起始和结束的过程中产生各种各样的任务和工作。我们把这个起点和结束点，以及过程中的所有任务和工作理解为企业活动。

　　对企业进行活动分析是理解流程的第一步。原则上，流程正是对这些活动进行有条理的、次序化的规范。也正因为此，流程管理不能脱离于对企业活动的考察。

案例 1　　　　　　*掌握科学的活动分析法*

　　问题的彻底解决并不是一件简单的事。事实上，人们之所以经常犯"治标不治本"的错误，是因为并没有找到问题的真正原因。而且，这并不是一个轻松的过程。但是，5WHY分析法为企业提供了一种找到问题原因的有效方法。

　　在问题分析管理中，5WHY分析法是一种极为常用的分析法。这种方法最初是由丰田佐吉提出的，后来，丰田汽车公司在发展完善其制造方法学的过程之中也采用了这一方法。

大野耐一总是习惯于在车间走来走去，停下来向员工发问。他反复地就问一个问题，问"为什么"，直到回答令他满意、找到问题的真正源头为止。在丰田公司内部有这样一个关于使用5WHY分析法解决问题的例子，如表3—1所示。

表3—1   以5WHY分析法探查原因

问题层次	原因分析	不同层次的解决对策
一	工厂地板上有漏油	清除地板上的漏油
为什么?	因为机器漏油	修理机器
为什么?	因为机器的衬垫磨损	更换机器衬垫
为什么?	因为机器衬垫质量不佳	更换衬垫规格
为什么?	因为衬垫价格比较便宜	改变采购政策
为什么?	因为企业以节省短期成本作为采购部的绩效评估标准	改变企业对采购部的绩效评估与报酬奖励制度

从表3—1中，我们会发现，需要解决的核心问题是现场出现漏油，每一个"为什么"都会引领我们深入问题根源。而每一个"为什么"对应的对策完全不同，这完全是视挖掘的深入程度而定的。例如，清除漏油只是在出现更多漏油之前的临时性解决措施；修理机器是一种稍显长远的解决措施，但是，机器的衬垫会再度发生磨损，导致更多油出现渗漏；如果更换衬垫的规格，则可以解决衬垫的问题，不过，仍然有更为深层的原因尚未排除。采购部之所以以低价采购质量较差的零件是起因于企业的绩效评估标准。因此，唯有改变这种奖励制度才能有效防止更多类似问题的发生。

大野耐一的这种方法逐渐成了丰田人的工作习惯，并逐渐成为一种著名的现场诊断技术，即"5WHY分析法"。

美国的杰弗里·莱克曾在访问丰田技术中心前副总裁冈本雄一时请教丰田公司产品发展制度的成功秘诀。冈本雄一回答："我们的技巧就是严格执行5WHY分析法，就是问5次为什么。"

很多人听了这个回答之后，都感到非常惊讶，然而这却是一个不容置疑的事实——正是基于丰田人对5WHY分析法的理解，对问题的深入探究和思考，才使得丰田公司能够达到行业领先的高品质水平。

流程是由一系列彼此紧密联系的活动构成的，而达成流程目标的各项具体工作内容也就是流程活动。所谓流程活动的分析，就是对每一步活动进行可行性研究，并在此基础上对活动内容、前后次序、关联关系以及岗位设定进行调整与优化，不断改善流程的各项活动方式，以提升流程运行的效率。

企业通过各项生产经营活动来创造价值，这些活动可以分为基本活动（包括制订计划、生产作业、产品销售、客户服务等）和辅助活动（包括物料采购、技术开发、人力资源管理和企业基础设施建设等）两类（如图 3—1 所示）。这是两类内容不同但相互关联的活动。

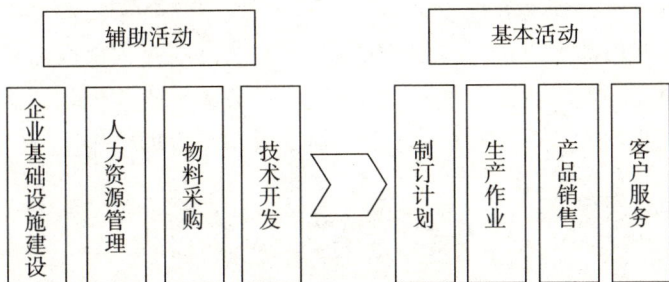

图 3—1　企业活动模型

以上列举的这些活动构成了整个企业正常运转的重要部分。

美国行为学家艾德·布利斯曾说过："用较多的时间为一项工作做活动前的分析，完成这些活动所用的总时间就会减少。"这就说明了事前调研和分析对后期活动执行的重要性。下面的几种分析方法亦可运用到企业的流程设计当中。

收集活动信息

企业活动流程要适应市场价值导向与企业自身能力，具有全局性和系统性。管理上主要面向三个方面的需求——供应商、客户以及企业自身，并对这三方面进行全方位的信息收集。

①企业在制定活动流程之前，要对供应商、企业自身、市场需求、未来趋势等进行全面的调查研究。通过各种调研手段，梳理企业和市场直接价值链。

②在整理结束时，也要持续调研，反复核查研究成果，并进一步予以整理。

流程分析

通过调查研究得出相关的信息资料后，要以公司利益为核心原则，分析流程目标的需求，对这些信息数据进行分析处理。常用的以客户为导向的流程分析技术有以下几种：

（1）组织镜像法。

组织镜像法是分析客户需求时用的一种间接方法，通过调查客户对公司的印象和意见，然后推测客户的真正需求。对此，首先邀请具有代表性的客户群体的代表参与会议，并发表在产品、服务和其他方面的意见。然后，由本公司成员同客户群体混合组成若干小组，就如何提高组织效率、增强客户满意度等问题加以讨论。最后，在此基础上制订行动计划，推行公司服务改革和流程改善。

（2）客户的声音。

这是一种直接的调查方法。客户的声音是指客户在享有公司的产出时，对其操作、功能、性能等方面的要求或者潜在需求。通常可采用正式的会谈、客户服务部门的报告、客户投诉、市场调查等多种方法来倾听客户的声音。

（3）需求和准备程度分析。

这是对公司内部客户运用的分析方法。这种方法通过列出内部客户的需求清单，收集信息资料，确认企业目前的能力程度，并列出矩阵表，以此来确定可以实现的和不能实现的需求，以及准备好和准备程度不够的工作。

案例 2   **便利店 ATM 银行的成功**

SEVEN 银行在 2001 年 5 月以 64 台 ATM 起家。在创业的第 7 年，即 2007 年，它已经在日本所有 7—11 便利店和伊藤洋堂共设置了 13 000 多台 ATM，另外还接到多家企业安装 ATM 的委托，如野村证券等。如今，SEVEN 银行的 ATM 已经能成为日本民众必不可少的元素之一，据统计，每台 ATM 的日平均使用次数超过 100 次。

SEVEN 银行的最大卖点是：它和便利店一样，一年 365 天、每天 24 小时工作。这家企业并不涉及融资业务，而是贯彻"专心做 ATM"的理念。这种经营判断和颠覆金融界常识的零售技巧，支撑起了"便利店 ATM 银行"。

通常，一些金融银行会将 ATM 安排在银行内部某个区域里，或在经济繁华地带开辟一个某某银行 ATM 专区。但是，这无疑要花费很多时间，而且占地面积非常大。而 SEVEN 银行却巧借 7—11 便利店的力量，在短时间内设置了 ATM，而且只占用了半个杂志栏的体积。

设置完 ATM 之后，银行还需要 1 万多台 ATM 的维护机制、连接 ATM 与合作金融机构的安定强健的"中转系统"。这也是靠着 7—11 便利店与 NEC 集团、野村综合研究所花费多年建立起来的门店系统和基础系统的运用，才得以将这些经验转到 SEVEN 银行上。ATM 需要补充和回收现金，而这方面则依赖于运用 7—11 的强项——物流系统，与委托作业方 ALSOK 的警备运送直接连接。从上面这些可以看出，SEVEN 银行的基础结构是依靠 7—11 便利店成功的各种外包服务运用的经验建立起来的。所以，SEVEN 银行可以依靠不足 3 000 人的员工，夜以继日地控制 13 000 多台 ATM。

SEVEN 银行常务执行董事、系统部长池田俊明表示："对于 1 个月安装几百台 ATM 的计划，我一开始不能相信，但 7—11 便利店和它的合作伙伴知道如何达成这个计划。一般银行与 7—11 便利店的经营速度和外包服务的运用构想完全不同，我自己也必须大幅度改变系统开发的理念。以前我在三和的常识完全不能通用。"

其实，7—11 便利店在将 POS 机改为新机型时，1 个月就完成了数百台机器的更换。这意味着要在便利店的营业时间内，以每天数台的速度进行。7—11 也是以这样的"常识"安装了全部的 ATM。例如在日本宫城县，工作人员在 3 周内安装了 330 台 ATM。等所有店都安装好后，同时开始运行。

事实上，很多银行认为"术业有专攻"，自己在设备开发方面不具备优势，所以，它们在 ATM 机方面只负责使用，而不关心开发。事实上，这已然是金融业界里的习惯性做法。

但是，SEVEN 银行认为：既然要专心做 ATM 业务，就应该专注于对 ATM 机本身的开发；只有真正做好设备开发，才能更好地服务于客户。于是，从 NEC 的 ATM 开发部门转入 SEVEN 银行的系统部副部长松桥正明，开始主导这方面的工作。

对 ATM 的开发方，也是他的老东家 NEC，他不仅会详细指定银行对 ATM 的需求，还对机器的规格有详细规定。ATM 的体积仅有便利店半个杂志栏大小，但其中包含着各种最先进的功能。由于熟知成本结构，松桥遵循 7—11 便利店对每一日元的成本削减都不妥协的原则，将 ATM 的价格抑制在业界平均价格的 1/3，每台只需 300 万日元。如果仅仅注重发挥体积优势，是无法做到这么便宜的。

再后来，SEVEN 银行还联合 NEC 公司，在普通 ATM 的基础上开发了更多功能。比如，遇到盗窃时，ATM 中的纸币会附上绿色的特殊墨水；ATM 的内置防盗摄像头可以辨识使用者；考虑到便利店内顾客混杂，ATM 还要故意让周围其他人很难看清操作界面等。

总之，SEVEN 银行工作人员敢于抛开过去常识的勇气，以及竭尽所能的付出，支撑了 ATM 每年约 5 亿次的交易，折算为存取金额大约为每年 17 兆日元。这个金额相当于所有 7—11 便利店总收入的 3 倍多。至 2008 年 3 月，SEVEN 银行的经常收益为 834 亿日元。

我们在 SEVEN 银行的经营过程中看到，该银行在刚刚步入业界时便明确地表示出对传统经营模式的否定——虽然遵循既定业界运作模式去操作是最省力的，但是在三井、住友等大银行林立的时代，如果继续走这样一条路，SEVEN银行终将陷入一个难以跳脱的死局。

于是，SEVEN银行积极地开拓了"便利店ATM银行"这种非常规的经营模式。这种做法使之避免了常态的业内竞争，为银行的经营减少了不必要的障碍和厮杀的困扰，自然也为之铺就了一条更好走的路径。

理念2　　业务重组

细看SEVEN银行的成功经验，其中最值得人们借鉴的，就是这种敢于颠覆常识、勇于变革的精神。精益管理要求企业必须不断改善。而这要求企业学会突破常识，勇于变革创新。

大野耐一曾提出这样的观点："从常识中跳出来思考问题。"他认为在我们的日常工作中往往潜藏着一些错觉，而我们却将其视作一般性规律来看待并照搬照抄。比如，大多数人会认为经过长年积累下来的经验必然优点居多、缺点很少。而任何人也都希望不利因素越少越好，这种心理使人们更倾向于按照以往经验来行事，甚至成为业内的"作业常识"。从上层管理者到中层管理者甚至一线作业人员，都可能被禁锢在这种"常识"带来的错觉中，认为现行的做法是最科学的；或即使不认为是最优的，也觉得别无选择，这都是被常识化了的做法。

在丰田汽车公司创立的早期阶段，曾有一项在零件上钻孔的工作。对这项工作，很多新员工选择手动方式作业来完成，而拒绝借力于机器设备。其实，只要员工打开自动模式，机器完全可以自动钻孔。但是，员工们却认为手动作业更有效率。因为如果选择自动模式，即使钻头后来变钝了，机器仍然会继续运作，这会影响钻孔的尺寸甚至导致钻头被折断；而选择手动作业方式则可以随时掌控钻头状况。通常情况下，人们可以在30秒钟内钻好一个孔，所以他们认为手动钻孔的效率更高。但事实上，在7小时工作时间内，员工们即使毫不间断地拼命工作，也只能勉强钻好80个孔。

使用机器的自动模式钻一个孔需要花费40秒时间，而手动作业仅需要30秒而已——似乎手工操作方式的效率很高。不过，在这个表面现象下却隐藏着一个极易被忽视的问题：如果手动钻孔，大约每完成3个孔，钻头就会变钝，需要借助砂轮机来打磨钻头；然后再钻3个孔，再去打磨钻头。而由于当时砂轮机数量无法达到人手一台，员工们每次去打磨钻头时都不得不长时间地排队等待。如果将打磨钻头所需要的时间也计算在内，那么为打磨钻头所需的往返时间便达到了

10 分钟。始终忙碌着的员工认为自己已是非常努力地工作，并在 30 秒内即可完成 1 个孔。实际上，他们陷入了"效率很高"的常识性思维陷阱。

常识与保守等思维陷阱会让人看不到精益之处，那么作业改善、价值创造的目的就不可能实现。所以，为了推行精益，企业必须跳出固有思维，勇于变革。丰田在这一点上就值得我们借鉴。

企业容易模仿和遵守行业里固有的经营模式，甚至奉为圭臬。那些业界资深企业更是会严格坚守自己的成功之本。但是，精益管理要求企业必须抛弃固有思维，大胆变革与创新，不断寻求新的价值增长。

辅助阅读

福特公司的流程重组

最为典型的案例是福特公司的流程重组过程。福特公司位于北美的应付账款部曾设有员工 500 多名，负责审核并签发供货单的应付款项。按照传统的观念，规模如此庞大的一家汽车公司，安排 500 多名员工来处理应付账款也算是合情合理的。但是，日本马自达汽车公司却促使福特公司不得不认真考虑"应付账款"工作。

马自达公司属于福特公司参股的一家公司，尽管其规模还远远小于福特公司，但当时的发展规模也是不容小觑的。不过，马自达公司却仅仅安排了 5 名员工来负责应付账款工作。5∶500——这个悬殊的比例让福特公司经理再也无法安之若素。

要知道，应付账款部的工作任务只是负责核对"三证"，符合则给付，不符合则再查，待查清后再给付。也就是说，该部门人员的工作大体上围绕"三证"转，即便实现自动化也解决不了多少问题。

虽然应付账款这项工作本身不是一条流程，但是采购却是一条实实在在的业务流程。当福特公司经理的思绪集中到流程上时，流程重组的想法便逐渐诞生了。应付账款部的工作完全被重组后的业务流程大大改变了。

后来，应付账款部人员被缩减为 125 人，而且不再对应付账款的付款授权事宜承担任何责任，这就意味着流程重组为福特的应付账款部节省了约 75% 的人力。

"突破常识、勇于变革"这句话说起来非常简单，但是真正做起来却并不容易。因为突破就意味着部分放弃或完全放弃已然掌握的东西，去另谋一条发展之路，而人们对于这种自我否定天生存在着一种抵触情绪。而这成为了精益管理推行中的一大阻碍。

尤其是一个老牌企业刚刚进入一个处于变革期的行业中，它对于之前成功的经营模式必然已有研究，甚至奉为圭臬。那些业界资深企业更会严格坚守自己的成功之本。

然而，经过多年的发展，这些过往的成功因素，就如同鹰那过老的爪子、过弯的喙、过重的羽毛，很可能已然成为阻碍行业进一步发展的问题。所以，企业必须像鹰一样敢于"抛开"、"突破"，并自主地寻求突破之路，这样才能求得一线生存的契机。

第3节　浪费与价值

价值流管理的重点是要区分增值活动和非增值活动。增值活动是指有产品经过此活动的价值得到提升，更利于产品的销售，比如符合客户要求的加工、动作、服务等活动；非增值活动则是指不会使产品增加价值的活动，典型表现为无效等待、返修、搬运。

首先，我们可通过对现场的生产现状进行分析，将结果绘制成"价值流现状图"，以识别其中的浪费之处。

其次，我们要以现状图为基础，通过分析现状发现浪费，进而寻求改善点和改善预案，并制定相应的改善目标。我们要将形成的结果绘制成"未来价值流图"，并在图中标明生产数量、生产流程、标准生产人数及时间等，避免生产中不必要的浪费。

最后，制订出改善实施计划。换句话说，借助价值流分析，我们会获得三个重要的文件性成果，即价值流现状图、未来价值流图、实施计划。

案例1　无处不在的浪费

浪费现象无处不在，下面我们列举几种常见的浪费现象。

物料的浪费

在工作中，浪费现象往往不被重视，而细小的浪费堆积起来，同样会形成巨大的成本。

某模具制造厂主要负责模具制造，使用的原材料都是高价进口的钢材，因该厂对定期在线产品、废品和库存没有进行及时清查和处理，致使一些废品、次品被长期零散地放置或丢弃在全厂不同的生产机台或角落里，不容易被人发现。某月，该厂对所有物资、产品进行了一次彻底清查，结果发现：几年来，该厂竟有近 100 吨次品滞留在车间，除部分可以经过再加工使用外，大部分只能当废品卖出。可是，由于目前钢材价格下跌，废钢价格还不足原钢价格的 30%……

通常，我们所关注的浪费都集中在物料的不当消耗上，但是浪费远不止这些。

时间的浪费

在美国，有人对机械行业进行多次调查后发现，从物料进厂到成品出厂的整个生产周期中，直接加工所需工时仅占 2%～5%，而装卸、运输、工序间停留、仓库储存的时间却要占 95% 以上。即使以直接加工工时为 5% 来分析，在这个比例的有效时间内，也只有 20%～30% 才是处于加工状态。也就是说，真正的加工时间仅占整个生产周期的 1%～1.5%，而其余绝大部分时间都消耗在装卸零部件、工装调试、工夹卡具的调整等辅助工作方面。如果粗略统计搬运工作所需费用，约占工业产品总成本的 20%～50%，而这部分费用的支出完全不能创造任何价值。这就是无效的时间浪费。在前面提到的 7 类浪费中，等待、搬运、无效的动作等都会造成时间的大量浪费。

智慧的浪费

实际上，除了大野耐一总结的 7 种基本浪费形式（包括生产过剩的浪费、等待的浪费、搬运的浪费、动作的浪费、加工的浪费、库存的浪费、不良品的浪费）外，精益管理者们还添加了一类重要的浪费：员工智慧的浪费。在下面这个例子中，一线员工的智慧往往可以找到更精益的方法。

著名的日化企业联合利华在生产线上遇到了一个难题。联合利华生产香皂的生产线香皂盒出现了一定比例的漏装现象，也就是说，有些香皂盒里没有装香皂就下了生产线。针对这个问题，联合利华召集了几位博士学位的工程师来攻克这个难题，经过半年多的努力，耗资数百万美元后，解决方案终于出来了：在生产线上设置了一个类似 X 光照射的设备，就像乘坐火车和飞机前的安检设备一样，没有装肥皂的空盒马上能透视和检测出来。联合利华管理层对这个方案很满意。

而面对同样的问题困扰，某肥皂小厂生产线上的一位小工想出了解决的办法。他将车间里常见的、为了通风降温的两只大铁风扇放到香皂的生产线两侧，对着生产线上的肥皂盒狂吹，没有装香皂的空盒，因重量轻，自然被风吹下生产线，于是，这个问题在不花一分钱的情况下迎刃而解。

我们通常以为采用了最正确的方式，实际上却造成了额外的浪费。

浪费的形式多种多样，直接造成的浪费有物料和时间的浪费，这些都是我们在工作过程中能够预期并避免的。然而，我们常常会忽视在消除浪费的改善中所造成的更大的浪费。

因此，在查明浪费的因素之后，我们必须秉持精益化的理念对其进行处理与改善，以避免造成新的浪费。

理念 1　　　　　　　　　　浪费的背后是价值

浪费使得价值创造的时间延长。正如上面提到的 7 种基本浪费中，等待、搬运、无效的动作等都延长了整个生产过程的时间，造成了价值流程的低效产出。

浪费给价值创造过程带来了极大的阻碍，但是，在大多数企业中，浪费无处不在，具体到流程的每个节点，比如工序、操作和日常的行政管理，都可能存在浪费。它们如同一座座被埋在地下的金矿，一旦被挖掘出来就是一笔惊人的财富，并且是永远挖掘不尽的。不过，如果它们始终未被发现，那么就会变身为吸血虫，蚕食着企业的每一滴血液，直至企业消亡。

毫不夸张地说，失败的企业大多是因为浪费达到一定程度而再也无力支撑，最后只能资不抵债，宣布倒闭。与之相对的是管理精湛的企业，这些企业无不是勤俭节约、开源节流，它们力求用最少的人、花最少的钱、用最少的时间、做最多的事情、办最好的事情，而这恰恰是发现浪费和消灭浪费的根本目的。

世界零售业巨头沃尔玛，为了尽可能地节约成本，其每个员工都"视纸如命"。沃尔玛没有专门用来复印的纸，除非非常重要的文件，否则一律用纸的背面。如果想复印，首先要用裁纸机把废报告纸裁到适当大小，然后才能复印。沃尔玛的部门经理甚至是更高一层的管理人员在开会时大都使用着废报告纸裁成的"笔记本"。

无论在美国还是在世界上任何地方，沃尔玛都很少做广告。凯玛特的广告宣传占到了总运营费用的 10.6%，沃尔玛则只占到 0.4%。平常，沃尔玛的宣传广告仅仅是黑白两色的几张纸而已，远比不上家乐福的精美制作和频繁发送。沃尔玛的促销部经常会组织艺术字体等促销技术的培训，为的就是尽可能让一切宣传活动都在本部门内部得到解决。

关注一项业务流程的每个节点，从时间、资源、人才等几个方面做到精准地把握，建立一条精益化的流程路线。

案例 2　　　　　　　　　　打造最完美的汽车

追求完美的劳斯莱斯

劳斯莱斯公司是世界顶级豪华轿车厂商，于 1906 年成立于英国。劳斯莱斯成为英国王室御用车型已有数十年历史，如爱德华八世、伊丽莎白二世、玛格丽特公主、肯特公爵等英国王室成员大多选用了劳斯莱斯的汽车作为座驾。

　　而劳斯莱斯公司之所以能够获得此殊荣，完全源自其汽车的高贵品质。对此，公司创始人亨利·莱斯曾说过："车的价格会被人忘记，而车的质量却长久存在。"

　　劳斯莱斯堪称"世界上最完美的汽车"。它大量使用手工劳动，一直到今天，劳斯莱斯的发动机还完全是通过手工来制造的。更令人称奇的是，劳斯莱斯车头散热器的格栅，完全是由熟练工人借助手和眼来完成的，不用任何丈量的工具。如此一来，一台散热器的制造，往往需要一个工人用一整天的时间初步完成制造，然后再用 5 个小时来进行细致加工。

　　劳斯莱斯公司追求完美的例证不仅限于此。例如，每辆劳斯莱斯车头上的那个吉祥物——带翅膀的欢乐女神，它的产生与制造的过程也显现出其对完美的不懈追求。据说，该吉祥物的制作过程极为复杂——采用古老的蜡模工艺，完全手工铸模烧制成型，经过至少 8 遍的手工打磨后，还需放在特殊容器中继续研磨 64 分钟。劳斯莱斯对完美的执著由此可见一斑。

　　追求"至善至美"看似非常烦琐，但却恰恰是它使得劳斯莱斯公司直至今日仍然在汽车业界里立于不败之地。这也给企业及其员工以启示：无论从事什么工作都要全力以赴。只要能百分之百做到的事情，就不要完成 99％。

一点瑕疵也不留

　　一家美国公司在中国某玻璃厂订购了一批价格昂贵的玻璃杯，为此美国公司专门安排了一位监督人员来监督玻璃杯的生产过程。而来到这家工厂后，这位监督人员发现，这家玻璃厂的技术水平和生产质量堪称"世界一流"，出厂的产品几乎件件完美无缺。

　　一天，他来到生产车间抽查工作。他发现有一部分杯子被工人们从生产线上挑了出来。他拿起这些被挑出的杯子仔细看了一下，并未发现这些杯子有何特别之处。于是他好奇地问："这些挑出来的杯子是做什么用的？"

　　工人一边工作一边回答道："这些被挑出的杯子都是不合格的次品。"

　　美方监督人员非常不解："可是我没有发现这种杯子和其他杯子存在什么不同之处啊？"

　　"你看，这里多了个气泡，这说明杯子在吹制过程中漏进了一点空气。"

　　"但是这个小气泡并不影响使用，不是吗？"

　　工人很自然地回答："工作必须精益求精，不允许存在任何缺点，哪怕是客户看不出来的缺点。"

　　"那么这些次品一般能卖多少钱？"

　　"一元钱左右。"

　　当天，这位监督人员向美方总公司汇报："一只完全合乎我方检验和使用标准、价值 20 元的杯子，在无人监督的情况下，用几乎苛刻的标准被挑选出来，而后只卖一元钱。这样的员工和企业有什么不可信任？我建议公司与该厂马上签订长期供销合同，我也没有必要继续留在这里了。"

理念2 精细创造价值

我们都有这样的感觉：钱不知什么时候就花没了。我们今天逛了个商场，昨天吃了一顿饭……不知不觉，钱已经花费在这一件件的小事上。

粗放式管理由来已久。在改革开放之初，首先下海经商的一批人通常没有学习正规的管理知识，只是凭着一股闯劲开拓天地。那时，愿意舍弃稳定的或者保险的工作陪你投身商场的，大多是朋友、亲戚。这种背景下形成的团队其凝聚力来源于相互的信任。没有条条框框的规矩，大家患难与共，凡事商量着来。当企业发展起来之后，这些"江湖习气"也留存下来，难以被纠正。

在这种氛围下，抓大放小、不管细枝末节也是企业管理的基本作风。也没有谁去关注一个零件掉在地上了，今天买材料多花了一块钱。当然，那时的市场竞争没有现在这般激烈，管理者的关注重点也难以聚焦到小事上。然而，正是这些细枝末节造成了巨大的浪费，却没有引起重视。"集腋成裘，聚沙成塔"，我们念叨了百年千年的古语却依旧没有被付诸实施。

这是一种常态的管理、一种粗放式的管理。但是，当企业的利润逐渐变薄，成本开始走进人们的视野。企业不得不关心起小事，因为如何控制成本已经成为迫在眉睫的问题。于是，企业关注点变小了，管理随之越来越聚焦，管理行为越来越细致，从粗放式到精细化的管理转型悄然发生了。

粗放式管理的最大缺陷就是造成了巨大的浪费，而精细化管理恰好弥补了这一缺陷。因此，精细化管理的产生具有必然性。

📖 辅助阅读

"三十八滴型"焊接

洛克菲勒刚进入石油公司时，由于学历不高，又是新人，于是被公司分派巡视并检查石油罐的自动焊质量，这在石油公司里是一项最简单的工作。

每天，洛克菲勒都要盯着焊接剂自动滴下，沿着石油罐盖转一圈，之后石油罐又被输送带移走。这项工作简单又枯燥，洛克菲勒很快就厌倦了。但是，苦于找不到工作，洛克菲勒决定把这份工作做好。于是，他更加认真地观察和检查石油罐焊接质量。经过长期观察，洛克菲勒发现：每焊好一个石油罐，需要三十九滴焊接剂。经过周密计算，他认为，只要三十七滴就可以焊接好，但操作起来并不现实。不过，洛克菲勒没有灰心，而是继续深入研究。

后来，他研制出"三十八滴型"焊接机。使用这种焊接机，每个石油罐可以节约一滴焊接剂。尽管只是一滴焊接剂，但一年下来，"三十八滴型"焊接机为公司节省了 500 万美元，洛克菲勒也因此而得到了公司的重用。

在案例中，当时还只是一名新人的洛克菲勒，通过仔细观察工作中的每个细节，发现了无人关注的细微浪费，并想办法杜绝了这种浪费。而他得到了什么呢？他成功研制出了"三十八滴型"焊接机，一年可为公司节约500 万美元的成本。由此，他得到了公司的重用，最终成为享誉世界的"石油大王"。

第 4 节　价值流程描绘

价值流是指企业从接受订单到提供给客户产品或服务的所有活动。然而，这些活动中会包括有价值与无价值活动，那些毫无价值的活动也常常为企业带来巨大的成本浪费。因此，我们工作的重点是要找出那些能够创造价值的活动，并对这些活动进行合理的管控，从而构成一条对企业运作将起到关键性作用的价值流程。

但令人遗憾的是，许多企业导入精益生产理念和方法后，尚未认真地对产品价值流加以分析，便快速地进入了消除浪费的大规模活动中。这些活动虽然改善了产品价值流中的局部环节，使之流动得更为顺畅，但是在其他问题环节中仍然存在大量库存，成本不降反增。同时，改进工作的持续性也会在一定程度上受到限制，无法在全过程中减少浪费，这最终将导致精益生产无法持续开展。

不同行业、不同企业的情况千差万别，我们在实施精益的过程中，经常会被企业杂乱无章的背景所迷惑，不知道从何处、如何实施改善活动，会觉得改善活动无从下手。在这种情况下，我们需要准确地认识价值流，找出浪费及其原因所在，然后将其消除。那么，我们应如何认识价值流呢？

案例 1　　控制价值流中的浪费

从现代工业工程的角度看，库存不仅造成资源的浪费，而且造成了企业存在的多种无效作业和浪费。而现实情况是，企业不得不通过维持一定数量的库存来保证生产的正常运作，并快速应对市场变化。为此，企业必须控制最佳的库存量。

旗下拥有乐斯菲斯、冠军等知名品牌的GOLDWIN（高得运公司）曾连续两期（2007年3月期和2008年3月期）出现营业赤字。为了摆脱经营危机，公司从影响收益的四大因素着手，首先严格控制在销售过程中因退货和打折等产生的损耗，进而在采购方面改革，降低采购价格，抑制不必要的商品流动，以降低物流成本和人工费。

为此，公司必须进行自身的内部改革。最典型的改革方针就是控制库存总量。

2007年冬，公司副总裁大江伸治命令综合企划部经营企划室的绀屋博行缩减积压已久的库存。绀屋在此之前一直负责集团的新开发项目和海外项目，因此15年来一直不在公司总部工作，而是驻守在意大利，有着非常独特的市场经验。

绀屋花费数月，就控制退货量和降价幅度、削减调配成本、节省物流开支等问题进行了深入研究并制定了相应的解决方案。2008年年初，他提出了控制库存总量的方案。

这一方案的核心在于，GOLDWIN旗下每个品牌都需根据上一期的实际销售业绩和所剩货尾数量，事先确定这一阶段所应持有的库存量。大江欣然采用了绀屋的方案，并将这一决策强制下达给负责各品牌的事业部部长。紧接着，包括大江、绀屋和所有事业部部长在内的30多名公司高管参加的"订单管理会议"（后更名为"订单流动会议场"）于2008年4月第一次召开，这是一个全新的尝试。

商品订单管理和库存管理方面的所有事务都是由这个会议决定的，并由大江最终审核批复。以往，商品的订货量都是由各品牌的负责人，即事业部部长决定的。但实施控制库存量的新政策以来，订货的权利就全部集中在了订单管理会议的参与者手中。

在每个月的订单管理会议上，参会成员都需花费数小时，就商品的投放量、库存量、消化率、退货、降价等影响品牌收支的相关数据和资料等进行讨论，一旦发现有异常状况，立即取消订货。

在会议刚开始召开的前两年时间里，大江常常毫不留情地训斥事业部部长们。在GOLDWIN，还从未有过如此高级别的管理人员在众多同事面前遭到痛斥的前例。特别是在发现有些人企图瞒着自己和绀屋增加库存总量时，大江更是勃然大怒，拍案而起，吓得与会人员鸦雀无声，没有一个人敢反驳。在一段时间里，订单管理会议上常常弥漫着这样紧张的气氛。

而自召开订单管理会议后，公司还取消了商品的一次性订货。

GOLDWIN 销售的商品分为夏装和冬装两类。以前，公司会提前半年向工厂下订单，一次性生产所有商品。但是提前半年时间，是不可能准确把握市场的供求关系的，因此就出现了库存过剩、退货堆积如山的情况。

提前半年一次性完成订货是体育用品界特有的商业习惯，这主要是因为这一行每年会召开两次面向下一季的展销会。提前半年发布新产品，在展销会上与客户洽谈，与每个客户约定一个具体的"数量"，就可以估计所需的库存总量，并向工厂下订单。但客户并不需要承担销售所有商品的义务。

尽管如此，"只要展销会一结束，公司里就开始弥漫着一种散漫的气息，似乎一个阶段的工作已经告一段落了。"为了改变这种状况，自 2008 年春开始，GOLDWIN 的订货管理严格遵循"将第一次订货量控制在计划量的 65%～90%"的原则。接下来的量则根据进入销售期后的商品销量情况相应追加。这相当于是"为了避免库存过剩而拧紧了水龙头"，这一订货方式的效果很好。

随后，GOLDWIN 公司在接下来的两年里，不断"拧紧水龙头"。而为了确保库存满足销售需求，一线工作人员甚至想出了这类办法——当某家专柜商品缺货时，便从其他柜台直接调货，实现库存共享，从而确保各专柜不会出现缺货。

在经过这样的经营调整后，至 2010 年 3 月决算结束时，GOLDWIN 公司的库存总量减少了约 20%，总额削减了 15 亿日元，利润增幅达到 88.7%。

由于近年来市场经济不甚景气，很多企业开始从各个角度强化管控，即便是传统上以安全经营为目标的库存管理模式，也在被越来越多的企业经营者质疑。因为过多的库存总量使得企业难以迅速回笼资金，而一旦对市场信息失控，盲目加大生产，更会使得库存成为企业的严重负担。

GOLDWIN 恰恰认识到了这一点，于是及时、积极地作出了订货模式改革，并针对企业的持续发展和实际需要情况，不间断地完善订货模式，调整库存管控力度。这种经营思维的转变帮助 GOLDWIN 公司用两年时间，大幅改善了资金流转情况，使得企业营业利润大大提升。

理念 1　　价值流程图

下面我们以 M 机械制造企业为例来阐述价值流图的使用。M 公司车间生产线流程的价值流程图如图 3—2 所示。

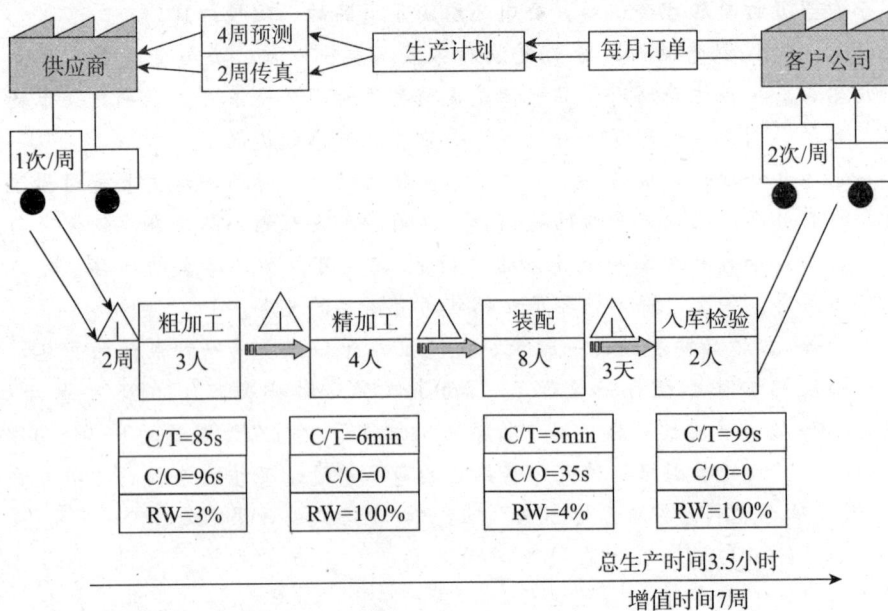

图 3—2 M 公司的车间生产价值流程

注：C/T 代表周期时间，C/O 代表换模时间，RW 代表设备使用率。

从物流的终点开始，分析研究整个物料流中的信息流传递方式，研究每个功能块的详细情况，具体如下：

①分析生产各个工序的节拍。如果生产节拍不能满足要求，就导致过量生产、生产停顿或生产进度延迟。

②分析运作流程中的每一道工序，依次分析，直至供应商。分析每个工序的增值和非增值活动，包括准备、加工、库存、物流技术、停机次数、班次等，并记录相应的时间。

③认识和分析物流信息的传递方法和路径，包括客户到工厂、工厂到供应商、生产物料计划到各工序的信息传递情况等。

④根据以上信息，计算出整个运作过程的生产周期以及相应的增值时间。

获得这些信息后，流程人员和管理者就能比较容易地判别和确定出浪费所在及其原因，为消灭浪费和持续改善指明方向和目标。

然后，流程人员和管理者还可以再根据分析结果，来绘制未来的价值流程图。未来价值流程图按照企业的实际情况，经过流程节点的增值分析，为流程的优化、改进指明了方向。

要想建立不间断的"一个流"，最大程度地去除不产生价值的环节，我们首先要进行价值流分析，从价值流的角度出发设计企业的作业流程。

根据精益思维的原则，在组织、管理、供应链、产品开发和生产运作方面必须建立有效的生产流程方式，消除所有不增加价值的浪费。而在工作中，要消灭浪费，就必须判别工作中的两个基本构成：增值和非增值活动。统计研究发现，在我们的日常工作中，增值活动约占所有工作的 5％，必要但非增值活动约占60％，其余 35％为浪费。而精益管理则要求工作活动中不能存在任何浪费现象。

价值流就是将一种产品从原材料状态加工成客户可以接受的产成品的一整套操作过程，包括增值和非增值活动。价值流管理正是从浪费和价值的角度去分析价值流图，从而发现并消灭浪费、降低成本、寻求改善，赢取最高的利润。

不过，在通常情况下，人们对价值流的认识仍然存在着一些误解，需要留意。

（1）价值流现状图只是未来价值流图的基础。

当我们发现价值流现状图里个别环节存在的浪费时，就会立即在第一时间动手去剔除这个浪费现象。其实，这是不正确的。如果这样处理问题，我们只是解决了当前一部分的问题，而没有从整个系统层面上解决问题，很难得到一个完整的精益流程。所以，我们在绘制现状图时，目的仅仅是暴露出浪费现象，不必急于进行某一点的改善，因为我们的目的在于借助价值流图从整体上处理浪费现象，为未来价值流图的绘制打下基础。

（2）明确绘图的目的。

我们并不要求未来价值流图包含重组流程的细节，它的作用是用来反映概括性的物流和信息流动情况，所以我们在行动之前就要确立目标，以这个目标来指导价值流图的绘制。而价值流图对于实际操作中流程的改善是不会作出具体的设置的，只要依据目标进行处理就可以。

（3）图只是工具而不是目的。

许多人觉得未来价值流图的完成就代表着大功告成，认为这就完成了生产的精益化。其实，价值流图的绘制完成仅仅是精益的开始，接下来我们要将价值流图反映出来的情况进行现场改善。为了达到持续改善的目的，在改善之后我们要再画出价值流图，分析改善中的不足之处，进行循环反复的改善。当然，要想使价值流达到最大值，我们还应从流程设计之初即开始科学的规划。

以订货模式的改变为例，这一变化意味着企业经营的其他方面不能一成不变，否则必然导致经营遭遇不顺。像 GOLDWIN 公司，在改革订货模式的过程中，其设计了销售专柜的库存共享模式——当某家专柜商品缺货时，便从其他柜台直接调货，实现库存共享，从而确保各专柜不会出现缺货。这是一线工作人员开动脑筋的结果。

实际上，为了最大限度地降低库存，很多企业经营者想出了各种策略来解决这个心头之患。

2012 年，天猫和淘宝实现了高达 191 亿元的支付宝交易额。在离 2012 年"双十一"大促销还有 30 天时，天猫发布了自电商成立以来第一次大规模正式的 C2B 预售活动，引起业界极大的关注。

预售规则大致如下：活动时间为 10 月 15 日到 11 月 10 日；对于预售的商品，消费者可以先付 10% 的定金，然后于 11 月 11 日付尾款，商家将于 11 月 12 日发货；预售商品均提供包邮服务，买家还有机会获得天猫红包等。

这便是从销售模式上调整库存订货管理模式。这种预售模式在短时间内快速聚集了单个分散的消费需求信息，给厂商一个集采大订单，厂商预先拿到订单后，可从供应链的后端、中端或前端进行优化，更加精准地锁定消费者、提前备货、消除库存，更有效地管理上下游供应链，使得生产成本、流通成本、库存成本能够大幅降低，在给消费者优质价低的同时，也在最大程度上保障了卖家的利润。

辅助阅读

JIT 为价值提速

2002 年 11 月，某公司在推进 JIT 改善活动时，总经理发出指示：在全公司内开展全员参与的生产计划改善活动，以促使企业生产计划能够迎合市场变化。由于企业生产的产品种类非常多，并且大多数产品的主流生产过程大同小异，为此，企业在改善过程中选择了一个典型产品的生产计划管控过程进行了分析。

对这种零件进行详细的调查后发现，这种零件的基本资料为：每月下达 4 次订单，订单量每月约 14 000 件，每月进行 3 次生产，日产量约 3 600 件，每周送货两次。

根据上述信息，相关人员画出了企业的信息流程和实物流程的现状图。通过对现状图与理想状况图的比较，该公司发现了很多问题点。

(1) 物料采购模式不科学，原材料订购时间长达 60 天，停工待料现象频发，生产计划被迫延期落实。

(2) 在产品生产过程中，由于计划不完备而打造生产交货时间长，重复的搬送和停顿动作非常多，大大吞噬了企业的生产效能和利润。

(3) 因生产计划过于保守，缺少精益化考虑，使得完成品的在库量太大，时间长达 14.6 天。

暴露出上述问题点后，该公司借助一系列精益化生产技术手法，对生产计划的细节和相关资源做出了调整。

通过价值流梳理分析和对生产计划的改善，该公司最终实现了以下目标：

（1）材料订购至接受周期从 60 天缩减为 30 天。

（2）生产交货期由 23.28 天缩减为 11.8 天。

（3）在制品库存量从 15 184 个/月缩减为 7 592 个/月。

这实际上不仅是一次销售模式的创新，实际上也是在对企业订货模式调整后而采取的一种创新型辅助措施。作为企业经营者，要善于从各个角度来创新经营，如此才能让供应管理更精益。

案例2 集中资源实现价值最大化

在一个企业的当前阶段中，无论是有形资源还是无形资源，都是相对有限的。如何充分利用现有资源，实现价值最大化，避免造成浪费，这便是最大的精益管理问题。

2000 年 4 月，王将食品公司的有息负债高达 470 亿日元，这一金额甚至超过了公司全年销售额的 20％。而其负债如此之高的原因之一是其在房地产领域投资的失败。

自此，董事长大东隆行花费了近两年时间，致力于为公司建立健全的财务体系，同时也着重摸索一条崭新的发展道路。他认为，过快的门店扩张速度和多样化的经营模式，都可能削弱"王将饺子"自身的魅力。因此，他决定将企业经营回归到原点上。

20 世纪 80 年代后期，王将食品公司一度加快了经营多样化的步伐，开设了寿司店和烧烤店，同时紧锣密鼓地增设了很多"王将饺子"门店。但是，这些过去看来极为英明的决策，如今却成为导致公司失去竞争力的主要原因。

而且，餐厅里采用的是封闭式厨房模式，顾客再也听不到店里回响起"王将专用"的点餐用语（如 Linga Ko-teru，两个锅贴），门店本身渐渐失去了让顾客心动的活力。

鉴于这一认知，大东隆行拟定了一个重建计划。

该计划的重点有二，一是快速处理公司的不良资产，逐步退出日式料理领域，专注于经营"王将饺子"连锁店。2002 年 3 月期的决算显示，公司赤字达 29 亿日元，其中便包含了关闭十几家亏损店铺所产生的特殊开支及坏账金额。

二是设定经营亮点。对此，大东隆行分析称：

"业绩持续低迷，这是因为我们是在别人的领域竞争。故而，我们决定贯彻'快速、实惠、美味'的宗旨，打造'活力四射'的餐饮连锁店，这就是我所说的回归原点。值得欣慰的是，近段时间来消费者不再说'去吃中餐吧'，而是说'去吃王将吧'。我想，只要能为消费者提供质优价廉的商品，就一定能打开市场，优衣库和 NITORI 也是这样做的。"

随后，他将封闭式厨房重新改回开放式厨房，将中心厨房加工的范围缩小为饺子皮与馅——每天早上，会有专人负责将它们和未加工的蔬菜一起送往各连锁分店。

如此一来，各店里的卖点饺子便不再是事先做好的饺子了——每天，店员手工包好饺子后，会在顾客的面前现场煎熟。煎饺子时所发出的嗞嗞声和散发的香味刺激着顾客的视觉和味蕾，促进了顾客再次点餐数。那么，为什么要保留在工厂统一生产饺子皮和馅呢？这则是为了实现"将 6 个饺子的价格控制在 200 日元左右"这一目标所实施的成本控制措施。

而为了让顾客感受到每家店铺的变化，王将食品还考虑改变了店铺格局，并以顾客行走便利为出发点，酌情增减座位数和收银台。为此，公司为每家需要重新装修的门店提供了近 5 000 万日元的布局改造经费。

就这样，王将食品公司集中所有力量，全力打造了自己的中式连锁餐厅"王将饺子"，并以实惠的价格为顾客提供饺子、炒饭等中式料理。

当然，这些努力最终不负所望。截至 2009 年 11 月，王将食品已拥有 354 家直营店与 189 家加盟店。在当时的市场环境下，包括大众型餐馆在内的很多餐饮连锁店都陷入经营困难的局面；但王将食品公司于 2010 年 3 月份的财务决算却业绩斐然——公司已然连续两期实现大幅增收。

在前文中我们看到，王将食品公司早年曾将门店、经营品类铺展甚广，虽然在拓展阶段这似乎无可厚非，但是，这种做法导致其力量分散，无法集中力量将某一块做得更精细、让顾客印象更深刻。这是王将食品董事长大东隆行以险遭破产为代价而换来的经验。

任何一个企业在创立之初都会界定一个问题："什么业务领域最适合本企业?"在市场上可以选择的业务领域非常多，都可以盈利，更有甚者，一些经营者对哪个领域似乎都很感兴趣。但是，受限于精力、财力、人力以及经营者自身的优势，经营者必须将业务圈定在某个或几个范围内。

换言之，每个企业最广阔的发展空间位于其最强的优势领域中。一个理性的经营者会选择在自己有优势的业务领域多花时间，将其发挥到极致，而不是在不适合的业务领域浪费资源。

某个业务当前可能是适宜的，但随着市场环境的变化，可能变得不适合了。

这时，经营者必须迅速放弃这些业务，以免企业因此受累，将自己的精力投入到优势领域的深度开发中。

所以，经营者在作出某个决策前，一定要认真调查，准确地衡量自己当前所具有的优势能力在当前环境下是否仍然是一种优势。如果答案是否定的，我们可以立刻将所有精力集中至新优势能力的培养上；如果答案是肯定的，那么就绝不应该将这种优势予以放弃。当企业能够在最大的机会和成果上集中有限的资源时，才更易于实现精益目标，同时也打造出自己的专业品牌。

理念 2　　增值业务与非增值业务

降低成本、提高收益是一切管理方法最本质的目的，流程的精益化管理也不例外。精益流程管理聚焦于消除流程中的浪费，实现生产过程的精益化，在这个过程中，精益的直接表现就是流程成本的降低。

建立流程管理保障组织

在进行流程体系规划时，首先需要建立起一个管理组织保障体系，其主要包括以下 3 个方面内容：

①明确总体负责的流程管理部门；

②建立流程负责人制度；

③建立跨部门的流程工作小组。

只有建立了流程管理组织保障体系，才能确保流程及流程管理体系的规划、设计、实施与评审、持续改进等相关工作能顺利进行。

确定价值节点的标准

流程管理的核心在于增值，企业流程在为客户创造价值的同时也要让企业得到回报，这就是价值节点与一般节点的主要区别。我们可以站在客户的角度来评判流程的重要程度，通常情况下，企业的价值节点含有以下几项相关的活动：

我们可以通过对以上几项活动判断和判断，筛选出流程的价值节点，这些流程节点应该得到企业的重点关注：

①与核心业务相关的活动；

②回报率最高的活动；

③客户可见的活动；

④占用资源量最多的活动；

⑤出现问题最多的活动；

⑥被顾客投诉最多的活动。

确定企业流程规划方法

流程是规划指建立流程地图，从整体上反映企业的业务运作，建立流程地图的方式主要有两种。

（1）从上到下的流程规划方法。

从上到下的方法需要对企业的业务有一个基本的了解，其优点在于初期就确定了基本框架，流程缺失和重叠的情况会减少，整合效率高。但这样的流程规划也有一个风险：如果初步分类不当，可能会影响后续相应流程的信息。该方法每一步的主要内容如下：

①基于价值链梳理企业流程框架，明确企业流程，如产品开发、供应链、营销管理流程等，以及辅助支持流程，如人力资源管理流程、财务管理流程等，并进一步明确这些流程包括的主要内容；

②进一步细化各个价值链流程；

③通过细化的价值链流程，明确该价值链包含的子流程，包括每个子流程的编号名称、完成功能、参与者、输入输出功能等信息。

（2）从下到上的流程规划方法

自下而上的方法具有普遍适用性，对于一个不了解公司具体业务的新员工，也可以照常工作，但是由于最初没有进行整体分类，在流程整理过程中存在不易发现缺少的流程的风险。该方法每一步的主要内容如下：

①收集各部门现有和应该有的流程，并明确流程的主要执行者、参与者以及流程的目的和功能。

②将收集的流程进行汇总，并合并重叠流程。

③将所有流程按照业务模型进行分类、分级。其中，分类是指划分不同属性，分级是指对同一事物进行细化。

两种流程规划方法并非完全独立，建议企业进行流程规划时，以第一种方法为主，在参考企业现有流程的同时，从上到下进行企业流程规划。

明晰主要价值流程和辅助流程

根据价值链理论，企业流程可以分为价值创造过程和支持过程，价值创造过程直接为顾客和公司创造价值，是公司满足客户需要和产生收入、利润的核心业务，主要包括产品开发、供应链、客户关系管理以及客户服务等流程。支持过程为价值创造过程提供重要支持，主要包括财务与统计、设备管理、法律服务、公共关系等。

细化价值链流程

流程的细化分级，即将从粗到细、从宏观到微观、从端到端的流程以及指导具体操作的明细流程进行分解。对于价值链流程的划分主要分为以下几步：

①明确公司的主要创造价值的流程和该流程的主要内容；

②对价值链流程逐一细化分级，导出公司流程清单，详细列出包括的子流程；

③明确各子流程的责任分工，确定各子流程的接口关系。

第4章

流程标准化技术

变革与创新可以涵盖企业的各个方面，但是能够直接创造价值的还是技术的发展与创新。企业应该在致力于新技术的引入时，确保其与流程管理的协调。

第 1 节　标准化

一项活动的流程就是一个投入到产出的转换过程。经过这个转换的过程，我们投入的原材料最终变成了具有"价值"的产品。那么，这所谓的"价值"从何而来呢？

因为我们对那些投入流程的原材料进行了技术加工，从而赋予了产品"价值"。而企业的流程要想创造价值，必须依靠作业技术的支撑，并伴随着技术的创新不断成长。

案例 1　看板是流程的引线

看板是精益流程管理中的重要概念，是为了达到准时生产方式控制现场生产流程的工具。看板管理方法能够在同一道工序或前后工序之间进行物流或信息流的传递，以下是该方法的具体使用案例。

由于部门与部门之间总是存在断层，拉紧的需求经常无法得到即刻的满足，因此，只能选择一种折中的方案，即保存适量的库存。于是，大野耐一又发明了看板制度辅助拉动式生产。

下面，我们来看一个丰田组装厂的看板制度。

当组装厂从汽车经销商那里获得顾客订单后，管理部门会拟定一份均衡的生产日程表。当车体焊接部门使用了一定数量的钢板后，就会向钢板压制部门传送一份看板，通知他们再造一批钢板，送到货栈。

同样，当组装线的作业工人开始从零部件箱取用零部件时，他们会在邮箱中放置一张看板。一位材料处理员会定时查看邮箱，取出其中的看板，回到货栈取出相应的零部件，补充到组装线的零部件箱中。另一位材料处理员遵循同样的步骤，向零部件供应商取货，补充零部件货栈。

丰田公司所使用的看板主要分为在制品看板（包括工序内看板、信号看板）、领取看板（包括工序间看板、对外订货看板）、临时看板三大类型。

在准时制生产方式中，丰田汽车公司的计划部门会集中制订月度生产计划，同时将月度生产计划传达至各工厂以及协作企业。与此相应的日生产指令，只下达到最后一道工序或总装配线；对其他工序的生产指令，则通过看板来实现。也就是说，后一工序在需要的时候，用看板向前一工序发出生产指令，领取所需的量。

在看板的使用过程中，丰田汽车公司还专门总结了三大应用原则，即：后工序领取、适量运送、根据看板进行现场管理。在这三大原则的指导下，丰田汽车公司对产量作出了有效调节，带来生产率的大幅提高；同时，也能够使生产过程中存在的问题及早暴露出来，使公司能够尽快采取相应的改善对策。

看板作为前后工序间传递信息的重要载体，已经被国内众多企业所采用。它具有以下几项优点：

（1）传递现场的生产信息，统一思想。

生产现场人员众多，而且由于分工的不同导致信息传递不及时的现象时有发生。而实施看板管理后，任何人都可从看板中及时了解现场的生产信息，并从中掌握自己的作业任务，避免了信息传递中的遗漏。

此外，针对生产过程中出现的问题，生产人员可提出自己的意见或建议，这些意见和建议大多都可通过看板来展示，供大家讨论，以便统一员工的思想，使大家朝着共同的目标去努力。

（2）杜绝现场管理中的漏洞。

通过看板，生产现场管理人员可以直接掌握生产进度、质量等现状，为其进行管控决策提供直接依据。

（3）绩效考核的公平化、透明化。

通过看板，生产现场的工作业绩一目了然，使得对生产的绩效考核公开化、透明化，同时也起到了激励先进、督促后进的作用。

（4）保证生产现场作业秩序，提升公司形象。

现场看板既可提示作业人员根据看板信息进行作业，对现场物料、产品进行科学、合理的处理，也可使生产现场作业有条不紊地进行，给参观公司现场的客户留下良好的印象，提升公司的形象。

理念1　　　　　可视化管理

可视化管理是指从生产现场到办公室，从经营者到第一线的作业人员，全体员工都能通过目视了解企业当前的生产状况以及各部门为提高生产效率应该如何去做等。

为强化员工的岗位管理，企业可设置员工岗位公示牌，将岗位人员的工种、在岗情况、联系方式等相关资料实行挂牌，使岗位人员的工作动态更为明确，增强了岗位员工的自我约束能力和责任心；同时，工作对象可以在第一时间联系责任人，为其他部门协调工作提供便利，更能赢得工作对象的最大满意，极大地提升团队执行力。这就是岗位可视化管理。

不过，某些企业缺少对改善方案的持续监督，导致可视化管理成为了一项浪费人力物力的政绩工程。

【实践解析】岗位告示牌的失效

某工厂的一位基层员工这样抱怨："总做些政绩工程！"他指着各个办公室、车间的墙壁上大大小小的岗位公示牌，说道："看看，当时搞得轰轰烈烈的，耗费多少人力物力啊！过了半年光景，什么可视化啊？都随着领导升职而搁浅了……"

岗位告示牌最终成为一道惨不忍睹的风景线，这只能说明流程参与者未能领会岗位可视化管理的精髓，更缺少持之以恒的管理精神。这样的岗位可视化管理也注定要归于失败，成为一项劳民伤财之举。

其实，无论是岗位标准化，还是岗位可视化，制定制度是一个重点，而更为重要的是执行，特别是持之以恒地执行，这样方可保证每个岗位发挥实际作用，体现出岗位角色的价值。

对现场实行目视化管理，其作用主要表现在以下几个方面。

（1）迅速传递信息，发挥标识、引导的作用。

目视管理根据人的生理特征，充分利用符号、颜色、标识牌和指示灯等媒介发出信号，快速传递信息，从而起到引导、指示的作用。

（2）形象地将异常化表现出来。

目视化管理能够将各种潜在的或表露的异常化显现出来，使人一看就能明白，从而有利于现场作业人员采取解决措施。

（3）有效提醒或警示作业人员。

在生产现场悬挂相关标识，实行目视化管理，从而时刻提醒或警示现场作业人员注意安全。

（4）激发员工工作热情，提高作业效率。

通过目视化管理，可以实现管理的客观、公正、透明化，有利于统一认识，激发员工的工作热情，增强团队凝聚力，从而提高整体作业效率。

（5）有利于企业文化建设。

通过目视化管理，可以展示员工的合理化建议和现场改善成果、表彰优秀事迹和先进个人、增设温情关怀栏和企业发展远景讨论栏等，这能增强全体员工的凝聚力和向心力，从而有利于企业文化建设。

目视化管理的方法

目视化管理的常用工具和具体方法有以下几种。

（1）操作流程图。

将企业流程的各项作业步骤用图表示，使人一目了然。但单独使用标准作业表的情形较少，一般都是将人、机器、工作组合起来的操作流程图，如图 4—1 所示。

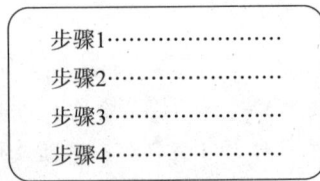

图 4—1　操作流程图

（2）指示灯。

指示灯能够指示生产过程中发生的各类异常现象，便于管理监督人员及时清楚地了解相关情况。指示灯的种类包括异常指示灯、运转指示灯、警报指示灯等，如图 4—2 所示。

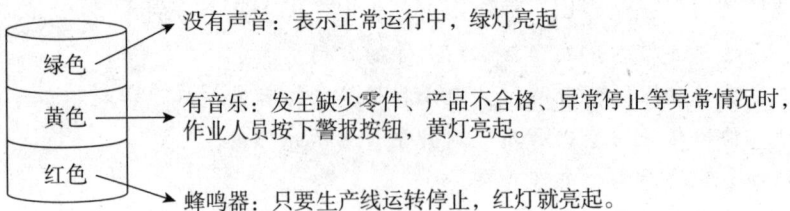

绿色 → 没有声音：表示正常运行中，绿灯亮起

黄色 → 有音乐：发生缺少零件、产品不合格、异常停止等异常情况时，作业人员按下警报按钮，黄灯亮起。

红色 → 蜂鸣器：只要生产线运转停止，红灯就亮起。

图 4—2　指示灯

（3）定位停止方式和即时停止方式。

定位停止方式是指作业人员一旦发现异常则立即联系相关人员，总是让生产线在相同的位置停止。这要通过生产线安灯来实现。生产线安灯设施如图 4—3 所示。

工位安灯（ANDON）

图 4—3　生产线安灯设施

下面来介绍一下定位停止方式和生产线安灯的运作方式。每个工位上都安装有一组定位停止按钮，其中有绿色、黄色、红色三个。而这些按钮都与生产线安灯设施（生产线状况看板）相连。定位停止方式和生产线安灯的运作方式如图 4—4 所示。

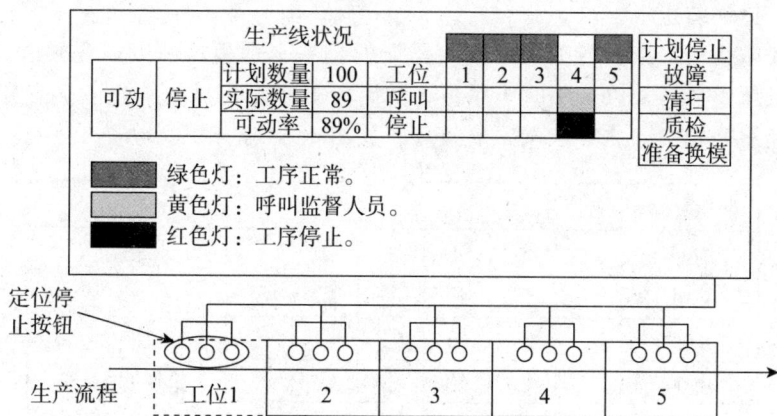

图 4—4　定位停止方式和生产线安灯的运作方式

生产过程中，各岗位人员应正确使用这些按钮。定位停止按钮使用如图 4—5 所示。

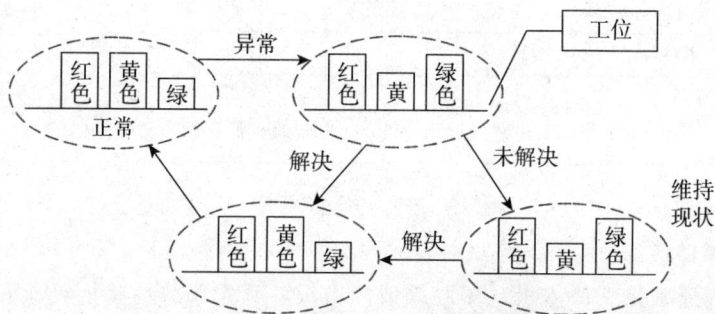

图 4—5　定位停止按钮使用

发生异常时，该工位员工（如 4 号工位）按下黄色警报按钮（如图 4—5 所示），同时绿色按钮弹起，相应的生产状况看板上 4 号工位绿色显示灯熄灭，黄色显示灯亮起（见图 4—5），此时现场会出现以下两种情况。

第一，监督人员看到后立刻赶到 4 号工位，在该段时间内 4 号工位如果排除异常，则按下绿色按钮，同时黄色按钮弹起，此时生产状况看板上红色显示灯变为绿色，表示故障排除，生产线可动。

第二，如监督人员到场后故障未排除则拉下安灯绳子，这时生产状况看板上的 4 号工位显示灯显示红色，表明要停止生产线；黄色按钮保持原状，生产线仍为停止状态。

即时停止方式指的是原则上尽可能地不停止生产线，但是一旦出现异常情况，生产线则立即停止。

（4）错误防止板。

错误防止板是指自行注意并消除错误的自主管理板，一般以纵轴表示时间，横轴表示单位。通常以一小时为单位，从后段工序接收不良品及错误信息，作业本身再加上"○"、"×"、"△"等符号，如图 4—6 所示。

防错看板		工序					日期：
时间		5	4	3	2	1	备注
8:10		○	○	○	○	○	
9:00		○	○	○	○	○	
10:00		○	○	○	○	○	正常（○）
11:00		○	2	×	○	○	
12:00		○	○	○	○	○	需注意（△）
14:00		○	○	○	○	○	
15:00		○	○	○	1	△	设备故障（×）
16:00		○	○	○	○	○	
不良品数				2		1	
说明：第二道工序发现一件不合格品，它来自第一道工序，查找原因并在第一道工序相关位置做提示（△），如是其他原因则做相应的标记							

图 4—6　错误防止板

（5）管理板。

管理板通常是一块木板、塑胶板或压力板，其大小、形状依场所和用途的不同而不同。管理板上可张贴各种公告、报表、作业指示、重点标准，其主要用途是对工作现场的流程进行监督。

在目视管理过程中，设计检查表进行日常检查，目视管理检查表如表 4—1 所示。

表 4—1 目视管理检查表

	检查项目	检查方法	评价	备注
资料管理	材料、物品放置场所有无标识，是否明显	确认放置场所的标识		
	能否知道材料的过剩或不足	检查资料管理表		
	有无老化的资料	老化管理对象品		
治工具管理	模具治工具的整理、整顿是否合理有效	观察放置场		
	有无模具治工具管理台账	调查管理台账		
	模具治工具管理状态如何	观察治工具架		
	现场是否堆放不用的工具	调查作业现场		
人员管理	是否维持了出勤率	调查出勤管理表		
	是否进行了必要的教育	调查教育记录		
	离开工作现场的人员去向是否记录清楚	确认离岗者		
现场管理	现场的整理、整顿如何	调查作业现场		
	是否严格按照制定的作业标准书进行作业	调查作业标准书		
	安全卫生状况如何	调查劳动灾害率		
货期管理	能否掌握与预定的货期比较，延误了多少天	确认进度管理表		
	作业人员是否知道预定的交货日	向作业者做听问调查		
	安全卫生状况如何	延期资料管理表		
品质管理	品质保证系统是否确立	调查品质手册		
	有无作业标准书	调查标准资料		
	是否了解不良率情况	调查不良率图表		
	计测器的制度管理如何	确认计测器		
	了解投诉发生的推移情况	调查投诉发生图表		

评价标准：○优，□良，△及格，×不合格。

可视化管理可以清晰展示各岗位的工作目标与规范，使各项生产活动按照科学的标准朝着既定的方向运行。该方法能够给管理者提供流程运作的信息与保障，便于管理者对流程的运行进度作出合理的调整与控制，是有效的流程管理手段。

案例 2　　　　　　　　　　　鼎创模具标准化操作

企业要发展，流程是关键。但随着企业外部环境的变化和内部运行低效率等因素的出现，导致很多企业面临的危机越来越大。

鼎创模具公司主营模具生产业务，其产品质量不错，但是每到年初都会出现交货延迟、同规格产品存在质量差异的问题。究其原因主要是，在此期间技术娴熟的员工出现大量流失，而新员工又需要由老员工一对一地教授很长一段时间才能培养起来，这致使企业生产效率和生产质量都出现下滑。

连续数年出现这类问题，这使该公司的总经理不胜烦恼。在建立健全企业留人机制的同时，该公司决定改变传统的以老带新的员工培养模式，开始在各个岗位上推行 SOP（标准作业程序）管理。

首先，该公司各岗位的业务骨干组成 SOP 编制小组，分别开始按照当前业务流程编写 SOP。对于那些涉及多个岗位协作完成的业务，则经过相关岗位共同讨论、优化、整合为既定的业务流程。整个编写过程中，SOP 编制小组都在进行反复推敲、修改，以期确保实现方案能够完全贯彻到每个岗位中。

接下来，SOP 编制小组将编制好的 SOP 上报至总经理。得到批准后，SOP 编制小组召集各岗位员工，通过下发资料自学和集中学习两种形式进行员工培训，力求使每名员工熟练掌握本岗位每项工作标准和执行步骤。

岗位培训后，通过笔试和现场模拟的形式进行测试，以全面考察员工的掌握情况。对于未达标的员工，要求其脱产学习，限期整改或调岗。

事实证明，这一举措见效非常快。新员工在作业过程中，全部遵照 SOP 上的指示操作，迅速掌握了高效工作的方法，又保证了其操作与其他人员的统一、准确。

总经理见状，要求日后严格执行 SOP。为了确保 SOP 能够真正落实到实处，各部门主管和人力资源部要对各个岗位进行不定期的抽查，并公布抽查结果；而一些操作人员在操作过程中也开始思考更高效的操作方法，对现行 SOP 进行修订。可以说，SOP 在该公司得到了较好的执行。而到了第二年年初，该企业的总经理果然没有再接到客户的投诉电话。

案例中，鼎创模具为了消除阻碍流程运作的不确定因素，实现企业的快速、稳定、可持续发展，企业在进行流程设计时，则必须保证流程的简单化、专业化和标准化。

简单化

一个优质的流程管理应当尽可能地避免流程中出现复杂环节。当流程管理简单且清晰化后，则流程内容一目了然，便于相关人员照章办事，各司其职。所以，管理流程只有简单化才能使流程充分发挥作用。

流程分级：将每个业务流程划分为不同的级别，随着流程不断地分级，流程越来越具体。岗位标准化要求流程被细分至"每个环节对应具体岗位"，这样一来，流程中每个环节的标准均可以发挥出实际指导作用。同时，为每个流程设定负责人，由之确保流程输出结果满足客户需求。

编制流程标准：对待分配到岗位的每个流程环节设立标准，如对流程某个环节的产出结果制定标准，或者对操作要点、步骤、方法、规范、知识、理论等制定标准。同时，我们也可以将各个流程需要类似技能的环节和可以由同一岗位完成的流程环节分配到一个具体岗位。这些流程环节的输入、输出和操作标准便构成了该岗位的具体工作标准，即岗位标准。

专业化

专业化的流程可以有效地帮助企业人员进行实际操作，并能正确地指导企业的生产运作。一个专业的流程设计应该考虑到以下几个方面。

（1）组建专业的设计团队。

专业化流程的设计人员必须具备较强的专业知识，熟悉企业的各项业务活动，并熟练掌握流程设计的方法和原则。

（2）采用专业的设计方法。

企业流程设计应该建立在系统思考分析的基础之上，并采用系统一体化方法。系统一体化方法以企业的经营整体为对象，强调的是企业为完成预定目标所做的整体运作的成功，局部的价值完全由它们提高整体成功的程度而定。

专业的流程设计的具体做法如下：

①企业的业务活动有不同的范围和内容，如经营活动、管理活动、设计活动、生产活动等的活动范围和内容是各不相同的。

②流程一般有三个单位：流程、子流程、岗位。企业所有的工作都可以细分为流程、子流程和岗位。

③企业流程、子流程都有其运行的时间周期。岗位是流程的最基本单位，要有时间定额。时间定额的计算方法包括统计分析法、技术测定法、类比比较法、经验估计法等。

④为了确保流程运行的质量，必须对流程所有者、子流程所有者和岗位责任人进行确认，形成一条责任链条，以确保各个流程以及整体流程的运行畅通。

标准化

企业要想做大做强，在同行业中确立竞争优势，则必须拥有国际化的视野，建立标准化的流程。如果没有一个标准的流程支撑企业的运转，或者任务流转活动缺失、不畅，势必会失去为客户创造价值的市场竞争力，阻碍企业目标效益的实现。

企业应该通过以下手段进行标准化的流程设计和标准化的管理。

在流程设计之前，应该明确企业各项工作的主题，如表4—2所示。

表4—2　　　　　　　　　　　　　　企业工作主题示范

内部管理性工作事务	外部业务性工作事务
人员招聘/辞退流程	客户开发流程
人员考评流程	客户管理流程
员工工资奖金核算流程	客户投诉流程
客户档案系统的建立及补充流程	订单处理流程
仓库管理流程	退单处理流程
车辆调度流程	消费者投诉流程
内部费用申请流程	账务退货流程
……	……

标准化流程设计完成后，企业应该加强全体职员对流程的学习和运用。例如，可以将流程做成手册，员工人手一本，或者绘制成图表，张贴在每个部门的办公室。另外，在周会、月会的时候，安排员工学习活动。这样，一旦出现问题，检查分析标准化流程，即可迅速地查出是哪个环节、哪个部门、哪个岗位、哪个员工出现差错并及时进行改进。

理念2　　　　　　　　　　消除多变性

如果将流程（路径）中的每个角色加以定位，那么最直接的生成物就是岗位。但是，怎样才能让每个岗位上的角色担当者都明确自己的角色分工，并保证完成指定的任务呢？我建议管理者推行岗位的标准化。

实现岗位标准化

很多企业存在这样的现象：岗位责任不明确，员工养成官僚习性，推诿扯皮的现象时有发生。其实，这正是岗位标准化的缺失所导致的。说起标准化，你可能马上想到了麦当劳、肯德基等企业，认为模仿它们的规章制度、操作手册来实施标准化便可，但这种方法在标准化建设的实战之路上的收获却往往不尽如人意。更让人忧心的是，个别企业在推行标准化管理时，因忽视流程而导致工作与工作之间的衔接不顺利，虽有标准，但标准之间却不能形成环环相扣的链条，无力及时响应市场和客户的需求。

其实，管理者完全可以基于岗位来实现流程运作的标准化：通过建立和梳理整个流程，对流程中每个环节的输入、输出和具体操作方法予以标准化，并将流程中每个环节的工作任务分配至具体的岗位人员，形成细致的岗位标准，以此来指导岗位员工操作。那么具体应如何操作呢？下面以某企业购买材料费用报销的流程为例进行说明，如图 4—7 所示。

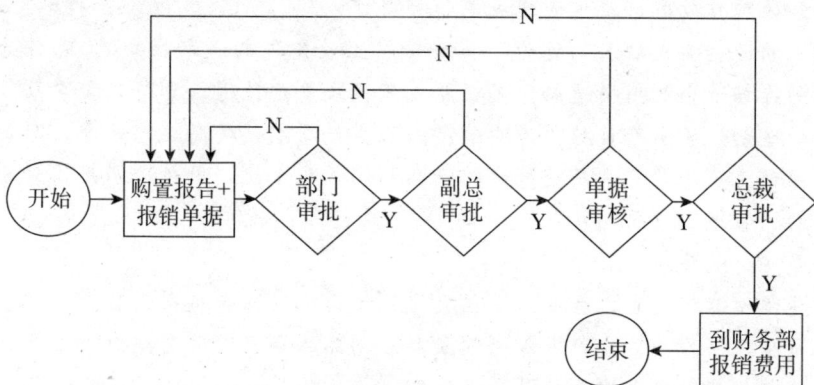

图 4—7　某企业购买材料费用报销流程图

图 4—7 反映了某企业购买材料费用报销流程，显然，这个流程过于烦琐，执行起来效率很低，有必要对该流程进行优化，具体需要考虑以下几个方面：

第一，拆分流程。将购置报告审批流程和购置费用报销流程分开，避免因一个流程有问题而影响其他流程。

第二，审批权限下放。将购置报告审批流程或购置费用报销流程的权限下放到副总经理，企业总经理便可以关注更重要的事情。

第三，办公自动化。用办公自动化系统代替人工流程，以提高工作效率。

此外，我们要对企业流程设计系统进行分析，具体内容包括以下几个方面：

①企业的产品/服务经营战略适应企业内外部的竞争环境吗？

②如何建立和发展与顾客的关系？

③企业的营销特性和产销特性是什么？

④产品/服务特性和生产模式是什么？

⑤由此应建立什么样的经营流程、管理流程和业务流程？

⑥企业的核心流程是什么？支持流程是什么？

⑦如何评价流程运行能力？流程运行的能力指标是哪些？

⑧要充分满足客户和公司的利益，实现经营战略，应建立何种组织结构？

⑨企业应该建立什么样的企业管理平台？

案例3　　　川崎的均衡造船模式

对生产现场的精益化管控，一个主要途径就是实现单件流与均衡化生产。从根本上来说，这是对点与线的有效控制——这种控制手法非常有助于暴露出生产过程中的问题点，缩短整体流程运作的周期、产品组装时间，减少产品积压，提高生产线的工作效率，减少管理成本和损失。

日本的造船模式被人们称为"当今世界上最先进的造船模式"，而作为日本造船业的标杆性企业川崎造船，其精益生产模式更是值得认真研究和学习。

川崎造船厂的生产目标极为明确：缩短生产周期，提高生产效率，降低生产成本，保证生产质量，从而获得好的产品利润。基于此，川崎造船厂格外看重对以下方面的管理。

一是一个流作业。

在传统造船模式下，企业为了扩大生产规模，往往会追求设备利用率，全面组织批量生产。然而，生产准备时间长和在制品库存多，这是组织批量生产的特征。而造船生产的最大浪费就是生产过剩。

但是在川崎造船厂，每一个部件和中间产品都需要做到持续不间断地生产，按内外部客户的要求，按时完成生产——不提前、不拖延。把相同类型的中间产品，逐件、不断地组织传送带式的生产流程，也就是"一个流作业"，这使得川崎更有效地实现了零库存管理，从而大大减少了生产过剩的问题。不过，在一个流作业下，一旦作业出了问题，即需立即予以解决，否则生产就会出现停顿，直接影响后续生产。

比如，传统造船的板材和型材皆为批量加工的；加工完成后，被存放在堆场里，然后按进度进行理料，再分类分批提供给加工车间。而川崎造船厂的运作模式是：将板材和型材在工场按构件装配平面和曲面进行分道切割加工，然后连续不断地提供给分段流水线。这样一来，便节约了堆放和理料时间，同时缩短了生产周期。

而且，因作业要求，第一天切割加工好的材料，第二天便会被用于装配和分段制作，所以一旦有质量问题，便能够迅速作出反馈，马上解决，不会影响到下一道工序生产。在这样的运作模式下，作业人员也会主动思考，自主发现问题和解决问题的能力大大提高，生产效率随之提高。

二是实施均衡化生产。

为了保证连续生产，更好地实现一个流作业，同时又能满足产品需求的节奏，川崎造船厂严格设计生产节拍，并要求各环节做好协调，以实现均衡化生产。

在造船作业中，生产节拍可以是半天合拢两个标准分段，也可以是每 20 分钟交付一个托盘的管子。生产节拍是生产管理中的一个对象，通过建立生产节拍推行均衡化生产，可以使生产运作更为流畅。但是，生产节拍并不等同于生产周期。

比如，20 分钟可生产交付一个托盘的管子，而下一道工序每 1 个小时需要一个托盘的管子。这样，生产周期就小于生产节拍。如果满足生产节拍要求，生产能力必然被放空，导致待工或设备产能闲置；如果上一工序生产连续不断，必然造成大量的库存积压。这两种情况都会造成极大的浪费。反之，如果生产周期大于生产节拍，那么就需要提前安排生产或安排员工加班，做好一定的库存储备，以此来满足生产节拍所需。

为了避免上述浪费，川崎造船厂积极组织均衡化生产。在此过程中，川崎会灵活调配各项资源，使生产周期与生产节拍保持基本一致状态。

总而言之，一个流与均衡化生产模式，使得川崎造船厂既保障了船舶制造质量，又实现了有效的成本控制。时至今日，川崎造船厂已然在日本重工型企业中占据了重要的地位，成为日本五大造船企业之一。

案例中，川崎造船厂之所以能够在日本造船业内声名赫赫，恰恰是源自其深得精益管理之精髓，将单件流与均衡化生产控制得非常到位，由此保障了现场环境的有序性，更重要的是有力地平衡了生产成本的支出，降低了在制品过多或生产不平衡可能造成的浪费。

理念 3　均衡运作

虽然流程的各道作业工序之间是相互独立的，但是，流程中各工序间的距离长短不一，也未制定上下工序间合理的在制定额量，所以必然导致各工序员工在操作中人为地堆积或超越在制品，产生不合理的等待时间，从而形成的生产波动将直接影响流程节奏的运作顺畅。

而现实工作中，流程中存在的波动不仅会破坏单条流程的生产节奏，而且会影响流程中其他环节生产能力的发挥。例如，在有些情况下，人力资源不足、原材料到位不及时、设备运行障碍等因素，都有可能影响流程运作。

那么，如何化解异常的环节呢？对此，管理者可以通过实现工序平衡来达成。所谓工序平衡，就是将所有工作任务安排到各道工序上，通过对人力、作业设备和工作任务等方面的合理分配，使整个作业流程达到平衡状态。而要想确保生产过程中的工序平衡，就必须对生产波动环节的相关数据予以准确掌握，以该环节的生产能力为依据来决定生产节拍。比如，通过对生产波动环节的分析，调配节点人员，拆分作业动作。

调配工序人员

在进行动作分配之前，我们首先要准确计算出波动环节内作业人员的人均产量，诊断生产波动环节的问题点在何处。比如，假设诊断出某烦琐工序存在负荷过重的情况，我们可以在这一工序上增加一定数量的操作人员，以此提高流程上各道工序的平衡率。

而为烦琐的工序增加的操作人员，可以选择其他工序中因工序合并或工序简化而被精简掉的操作人员。因为这样一来，就整条流程而言，操作人员的总数量并不需要增加，而只需将在某环节多余的人员分配到更需要他们的环节，这样一个简单的调配，便可达到整条生产线的平衡，实现了效率和效能的最大化。

需要注意的是，务必为各工序安排适合的员工，保证上下工序的员工能力协调，不会因部分员工个人能力偏低而导致上一工序所下定的作业成果堆积或其下一工序停工待料，这样才能从根源上避免生产波动的出现。

拆分作业动作

制造业的流程大多是经过细分后的多工序流水化连续作业流程。由于采用的是分工作业法，所以大大简化了作业难度，很容易提高作业熟练度，从而提高了作业节拍。但是，经过这样的作业细分之后，无论在理论上还是在实际过程中各工序的作业时间都不可能达到完全相同，这就势必会因工序间节拍不一致而出现不良现象。而生产波动的出现，除了会造成不必要的工时损失外，还会产生大量的工序堆积，严重者甚至会导致作业的中断。

为了解决这个问题，流程管理者必须拆分作业动作，使各工序的作业时间平均化，确保流程活动更为顺畅。

①合理分解各工序的时间定额，将瓶颈工序中的动作安排到其他工序中，借助前后道的工序来协助完成，保证单位数量产品在各道工序停留的时间安排趋于一致，重新组合部分工序定额时间的构成要素，从工序设计角度化解瓶颈。

②运用看板实现从后道向前道工序取货的拉动式作业，严格控制流程上各道工序的时间和数量。

管理者可以通过对流程中全部工序予以平均化，同时对作业负荷进行调整，使各作业时间达到尽可能相近的状态，实现工序间的平衡，资源浪费环节得以切除，当然，生产波动也自然而然地得到了化解。

各企业为追求整个流程的平稳运作，除了消除生产中的异常波动，还要重视各工序的紧密衔接。

"一个流"的建设

价值流分析完毕，我们可以找到浪费的环节，并制定优化措施消除浪费，建设"一个流"。

下图是经过价值流分析后对一个产品生产流程进行的"一个流"改善，在这个过程中，我们主要做的是合理布局，减少产品流的迂回、交叉以及无效的往复运输，并避免物料运输中的混乱、路线过长等现象，如图 4—8 所示。

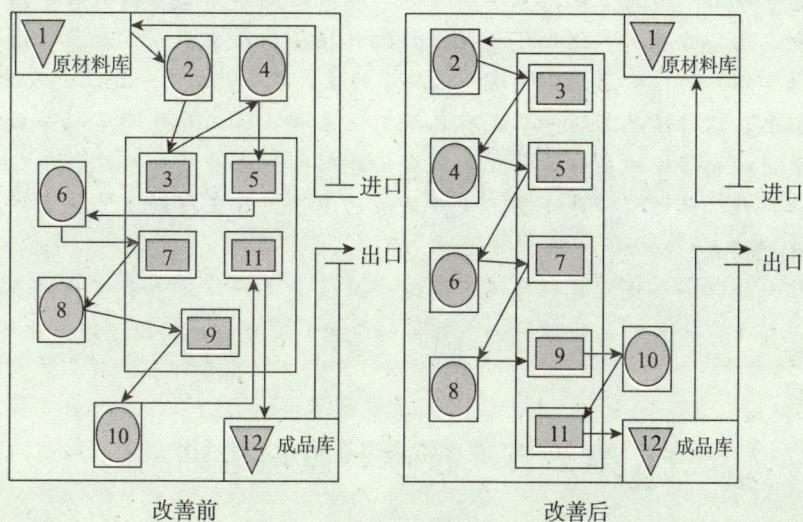

图 4—8　生产布局调整与物流改善

通过对比可以看到，通过对物料在各个工序间的移动进行合理有效的改善，利用减少、消除或合并不必要的搬移活动来优化搬运，可以使在制品在各工序间连续地流动而无延迟现象。这是向"一个流"迈进的重要一步。

"一个流"的实现过程首先要从消除浪费开始，进而减少生产的批量，实现无间断流程，而创造出一个流的目的也就是杜绝浪费。那么，在一条生产线生产多品种产品时，"一个流"是如何实现的呢？

在一条生产线某环节上需要生产A、B、C共3种产品，生产每种产品时皆为一个生产，即每次只能生产一件某种产品，其工位布置如图4—9所示。

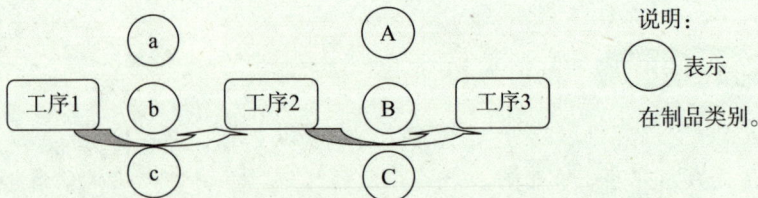

图4—9 生产多种产品的"一个流"

假设现有一订单要求生产一件产品B，工序3就会取走工序2生产出的在制品B以加工；此时工序2接收到后续工序3传递的生产信息，就会取一件工序1生产出的在制品b以加工；工序1发现在制品b被取走之后就会再生产出一件b以补充空缺。当工序3加工完成时，工序2上已经又补充了一件在制品B以供生产。这个例子也很好地体现了拉动生产（下一节将有更加具体的介绍）的核心思想，即前一道工序的生产指令是由后一道工序发出的。

当然，这种情况下的一个流有几个前提条件，各工序生产节拍一致，并且需要可视化管理的良好运作。如果我们能够做到生产的一个流，不但会降低生产过程中的成本，更提高了生产系统的柔性，真正得到以客户需求为导向的生产模式。

实际上，一个流就是一种为了实现适时适量生产，致力于生产同步化的最小批量生产方式，如能够再加上看板的运用，就更好地实现了准时化生产。

第2节 技术开发与培训

精益管理要求员工要对其负责的流程进行改善。他们不只要遵守工作流程和标准，更重要的是要发现现有流程的问题，并提出改善方法。这是衡量员工价值的重要维度。因此，具备变革与创新意识成为精益管理的一个要求。

在很多企业中，创新受到各种各样的阻碍。改变现状通常是人们不乐于做的事情，因为这意味着放弃现有的安稳和既得利益，开始面对未知的将来。但是，竞争环境的日渐激烈迫使企业不得不做出改变，通过革新谋求竞争力的提升。

企业的创新可以有两个途径：模仿创新与自主创新。模仿创新难度低、见效快，企业的成本负担较小，因此是企业的首选革新模式。但是，模仿代表着企业永远只能作为市场的跟随者，永远无法超越和领先。所以说，模仿并不是精益的要求，企业应该谋求技术的突破，培养自身的技术实力，才能获得进一步的成功。

在进行技术创新的过程中，企业还要秉持正确的认识：技术作为一种工具，其存在是为了配合人工，适应企业的价值观和理念。因此，技术只是一种辅助，而不应当为了技术而创新。

案例 1　　　　三一集团的技术库

近年来，我国的企业对于技术研发和创新的重要性也日渐重视，对于追求卓越的企业，没有哪个是不舍得投入的。

我国民营重工企业领导者三一重工集团就非常重视技术的革新。多年来，三一秉承"品质改变世界"的经营理念，将销售收入的 $5\%\sim7\%$ 用于研发，致力于将产品升级换代至世界一流水准。三一集团按照"专业化布局，一体多地分布"的思路，在美国以及中国建立起 31 个研究院、221 个产品研究所，依托研发信息化集成体系，实现全球研发数据集中管理、安全共享，支持全球 24 小时的协同研发活动。

公司建有多个技术研究中心，拥有 9 大试验检测中心及 58 个企业级实验室，正在规划建设中国最大的工程机械研发试验中心。公司还广泛开展与国内外高校、研究机构之间的技术合作，是中国产学研合作促进会、华中科技大学校企合作委员会副理事长单位。

三一舍得投入资金，通过建立众多研发基地，为技术人员提供足够的平台和支持，他们才有精力、有资本研发出最顶尖的技术和产品。三一大量地投入研发资金，为自己赢得了众多的荣誉，也奠定了自己行业老大的地位，可谓是"名利双收"。

2001 年以来，公司累计获得各级科技奖励 100 余项，其中国家科技奖 3 项，中国专利金奖 3 项，其他省部级以上科学技术奖 40 余项。两次荣获国家科技进步二等奖，其中三一重工技术创新平台荣获 2010 年度国家科技进步二等奖，是新中国成立以来工程机械行业获得的国家级最高荣誉，实现工程机械行业和湖南省"企业技术创新工程"类国家科技进步奖零的突破。

截至 2012 年 12 月 31 日，三一集团公司累计申请中国专利 6 363 件，其中发明专利 2 588 件，PCT 国际专利申请 341 件，海外专利 189 件。已获得授权的专利国内有 3 640 件，海外授权 16 件，居行业首位。

集团总工程师易小刚荣获中国科协首届"十佳全国优秀科技工作者"，是湖南省和工程机械行业唯一获奖者。

技术研发和创新为三一的崛起贡献了巨大的力量，下面是三一集团在重工领域创造的一项项纪录。

1998年，三一重工成功研制出中国自己的长臂泵车，长度为37米。

2000年，三一重工全液压平地机下线，属世界首创。

2003年，三一重工黑色路面成套机械全面进入市场，开创了中国路面施工的新工艺。

2004年，三级配混凝土输送泵在三一重工研制成功，破解了三级配混凝土不能泵送的世界难题。

2005年，拥有四个"中国独创"的三一重工路面铣刨机问世。

2007年，由三一重工自主研制的66米臂架泵车获得吉尼斯世界纪录证书，标志着中国的混凝土泵送技术由世界的跟随者成为领跑者。

2008年，亚洲最大吨位全液压旋挖钻机在北京三一重工下线；亚洲首台1 000吨履带起重机在三一重工研制成功。

2009年，三一重工72米臂架泵车刷新吉尼斯世界纪录；三一重工自主研发出中国第一台混合动力挖掘机。

2010年，三一重工研制出中国最大的1 000吨级汽车起重机。

2011年，被业界誉为"全球第一吊"的3 600吨履带起重机正式下线，打破了国外大型装备独占市场的格局；三一重工研制出世界最长臂架86米泵车，再次刷新吉尼斯世界纪录。

2012年，全球最大方量混凝土搅拌运输车在三一重工成功下线。

正是三一重工一次又一次地进行技术创新，不断超越自己，才确立了其在工程机械领域的绝对领先地位，问鼎中国甚至世界。

如今，对于技术创新的关注已然成为很多企业经营者的聚焦点之一。通过技术创新获得技术竞争力，这一点是很多企业经营者都非常肯定的，但是，同时又感到技术创新会给企业带来一定的负担，故而对这类项目犹豫不决。

其实，让技术创新带来理想的结果，而不是增负，这一点我们完全可以从三一重工集团的管理加以借鉴。恰当的技术创新同时也可以实现成本控制……这些都是基本的精益经营思路。

理念1　　建立技术体系

丰田准时化生产方式是一个包容了多种制造技术和管理技术的综合技术体系。为了准确地认识和理解准时化生产方式，我们有必要从理论上考察和描述这个综合技术体系及其构造，搞清楚该体系中的各种技术、手段和方法对于实现系统目标的特定功能和支撑作用，明确这些技术、手段和方法在整个生产体系中的位置及其相互间的内在联系，只有将这些技术、方法与手段置于该体系的总体格局中去认识和理解，我们才能有目的地使用它们，才有可能有效地实施准时化生产。

该方法明确而简洁地表示了丰田准时化生产方式的体系构造，同时也表明了该体系的目标以及实现目标的各种技术、手段和方法及其相互间的关系。下面我们将对准时化生产方式的技术体系作一个简要的说明。

要实现"彻底降低成本"这一基本目标，就必须彻底杜绝过量生产以及由此而产生的在制品过量和人员过剩等各种直接浪费和间接浪费。如果生产系统能够具有足够的柔性，能够适应市场需求的不断变化，即"市场需要什么型号的产品，就生产什么型号的产品；能销售出去多少，就生产多少；什么时候需要，就什么时候生产"，这当然就不需要也不会有多余的库存产品了。如果在生产人员的能力方面保证具有足够的柔性，当然也就没有多余的闲杂人员了。这种持续而流畅的生产，或对市场需求数量与种类两个方面变化的迅速适应，是凭借着一个主要手段来实现的，这就是"准时化"的生产管理技术。

案例 2　　丰田"保守"的一面

在国际市场加速变化的今天，技术引入能够让企业尽快地适应市场的发展需求，为顾客提供更多有价值的商品或服务。但是仅仅依靠技术引入或者盲目地引入，对企业自身的创新能力提升效果非常有限。下面，我们来看一下丰田公司是如何对待新技术的引入的。

长期以来，丰田公司在引进新技术方面一直处于比较保守的状态。这里的"保守"并非指故步自封、不愿变革，而是丰田的新技术采用必然要经过一个相对缓慢和漫长的过程。

进入 20 世纪后，信息技术发展迅速，企业如果不引进信息技术就会迅速落伍，面临被淘汰的危险。生产制造领域同样如此。丰田公司也引进了信息技术，但是这个过程要相对缓慢。

20 世纪 80 年代初期，计算机辅助设计（computer-aid design，CAD）技术被广泛应用于汽车制造领域。厂商们用计算机设计汽车零件，丰田也不例外。但是，丰田只把 CAD 作为一种工具，一切操作都要以丰田的理念和原则为前提。丰田的设计师在工作的时候，会首先考虑这样几个问题：每一个零件组件的特定需要是什么？有什么特定的使用条件？可能的软件选择有哪些？最佳的选择是什么？

在经过这样的分析后，得出的最佳选择往往是低科技的方案。比如说，在分析压制零件的印模时，由于分析技术不够成熟，计算机无法塑造出复杂的零件印模，也不能判断哪一种印模是最好的。而一般的生产厂商会直接使用 CAD 软件对印模进行分析，然后提出一些片面的建议。而这样的分析结果往往会遭到设计师的否决。与之相对，丰田的设计师会先绘制一张彩色图以显示印模的各个压点。然后，设计师与制造者共同讨论此图，判断其有效性。这种低科技的做法反而比直接使用计算机技术更加有效。

CAD 技术不断发展，众多企业也紧追脚步，不停地改换最新的系统。但是丰田仍然坚守固有的技术。在经过长达两年的细致分析和探讨之后，丰田终于决定采用计算机辅助 3D 互动应用软件（CATIA）。这一软件是世界一流的 CAD 系统软件，被汽车行业广为接受。

丰田在使用新技术的道路上始终不紧不慢，所有的新技术都要经过细致的分析，以匹配现有的工作理念和模式。而这并没有影响丰田的技术优势，因为新技术事先经过了全面的分析和认可，后期的使用很少会出现问题。相反，福特公司曾花费数百万美元，快速地采用了另一种 CAD 软件，但是很快又花费大量资金更换了这一系统。

不得不说，丰田对于技术引进的态度似乎更加精益。

理念 2　　　　明确开发对象

在前文中谈到的技术的引进与创新，除了说明自主创造比单纯的借鉴模仿更重要外，还可以得出这样一个结论：任何新的技术都不能照搬照抄，而是要经过实践的验证。丰田就遵循了这样的原则。

丰田使用新技术有一个基本的理念：技术只能作为一种工具，且必须用于协助员工作业以及生产流程。也就是说，任何新技术必须经过企业各部门和人员的实际检测后才能使用。

丰田对于新技术是否可用有这样的评估流程：首先，在采用新技术之前，企业会先详细分析现有流程是否存在精益改进的空间，如果发现这样的机会，就会先依托现有的设备、人员和技术进行改善。在这些都完成之后，丰田才会考虑是否采用新技术进行进一步的精益改善。

在丰田公司最大的复合式工厂元町复合工厂曾经有过一项提案，一位丰田的信息技术专家向他们提供了一张流程图，上面详细列出了信息的流向，从一部计算机到另一部计算机，从输入到储存到输出。但是这张图马上被当时的负责人北野三喜退了回去。他这样解释："丰田公司不是做技术系统开发的，而是制造汽车。因此，你应该给我们的是制造汽车的流程图，并告诉我们信息技术如何支持这一流程。"

也就是说，在丰田，新技术被当成辅助人员和流程的工具，被安排在考虑的最末次序。实际上，丰田认为主动进行价值创造的是人员，因此，新技术只能是辅助角色。

大野耐一曾提出这样的建议：作为现场管理人员，应要每天到现场去，看看存货、效率、质量等的实际状况如何，是否存在被改善的空间，而且这些改善对成本的降低是如何做贡献的，这些终将产生较高的利润。

一切精益工作都从现场开始。通过现场巡查，管理者会更了解现场的运作状态，发现增值点，如果在现场中发现问题也可以迅速而准确地找出原因，并迅速采取处理措施。

辅助阅读

工艺流程中的技术改善

以 TP-link 478 路由器产品从"烧写 MAC 地址"到"产品装配完成"的工艺流程为例，其流程图如图 4—10 所示。

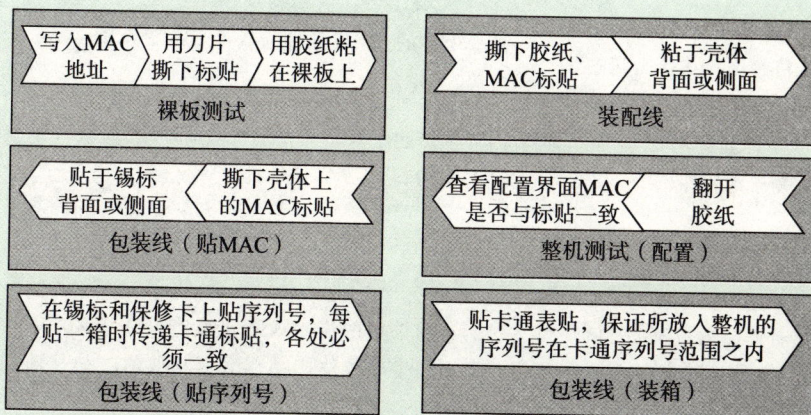

图 4—10　烧写 MAC 地址流程

如果深入生产流程现场操作进行研究就会发现，作业中极为容易出现以下两种失误：

①在装外壳时，没有将地址撕下，而将其装到了壳体里面。

②在撕贴过程中，搞错或弄混地址。

由于这两种失误的出现而往往导致后段流程中产生一些回流的无用作业。

对此，我们使用程序分析法，对这段流程进行分析改善。

首先，用 5W1H 技术对流程进行提问。原则上，程序分析人员可针对每一道程序，开展六项提问，如表 4—3 所示。

表 4—3   5W1H 提问表

针对方向	第一步	第二步	第三步
目的	做什么	提问操作的必要性	能不能改变？
原因	因何而做	为什么一定要这么做？	能不能予以删除？
时间	什么时间	提问操作时间的必要性	有没有更合适的时间？
地点	什么地点	提问操作地点的必要性	是否有更好的地点？
负责人	什么人实施	提问操作人的必要性	是否有更合适的人选？
方式	如何实施	提问方法的必要性	是否能改进方法和工具？

如结合上述案例，则可作以下提问，如表 4—4 所示。

表 4—4   5W1H 法的工作程序提问

流程提问	问题答案
生产流程中存在什么问题？	外盒上贴的 MAC 地址与软件界面显示的 MAC 地址不对应、MAC 地址写错和标贴丢失
前后段之间为什么有那么多烦琐复杂的程序？	因为生产此型号使用的技术不够成熟，软件不支持通过 LAN 口烧写 MAC 地址
现在的技术水平能否通过 LAN 口来烧写 MAC 地址？	目前已经有一部分产品实现了通过 LAN 口烧写 MAC 地址，比如 TL－D301M
既然有产品通过 LAN 口烧写 MAC 地址，那为什么还在装配前烧写地址？	因为目前采用的流水线不止生产 TL－R402M 这一种产品，还生产其他产品，但是其他的产品目前还不能实现 LAN 口烧写

在实际分析时，应对以上五个方面按照提问技术逐一进行分析。通过分析，即可发现该生产流程的决策点：如生产部通过 LAN 口烧写地址，即可将"烧写"工作安排在装配工序里完成，从而简化了生产流程。

接下来，我们可以通过 ECRS 四大原则来分析流程，以寻求最为经济合理的流程改善方法，如表 4—5 所示。

表 4—5	ECRS 原则分析改善流程	
提问	分析回答	改善
能否不检查 MAC 地址？	不能，一旦出错会导致大量返工	在包装线上扫描烧写 MAC 地址
能否先将序列号和 MAC 贴在锡标上？	因为 MAC 是在前一段写入的，而序列号是和保修卡上相对应的	在添加扫描的前提下，先将地址和序列号贴在锡标上，扫描时写地址

在上述分析的基础上，可以进行流程改善方案的再设计：通过 LAN 口来写地址，改善操作流程，新流程如图 4—11 所示。

烧写MAC地址，用胶带粘在外盒上	贴锡标	将MAC地址撕下，粘在锡标相应的位置	贴流水号	包装
测试线	包装线	包装线	包装线	包装线

图 4—11　改善后的生产流程

一般情况下，程序分析人员会设计多种改善方案，然后进行多方面的比较和试运行。如上述案例，也可以设计"通过加入扫描器进行改善"的方法。企业可以根据其实际环境条件和生产需要来设计和选择合适的作业技术进行改善。

案例 3　宝洁人才的自我成长

宝洁的人才培养之道归结起来有三点：第一，新员工有"向导"；第二，员工自我培训；第三，进入学校培养员工。

一名新员工到宝洁后，经理会告诉他关于在宝洁如何快速进入角色，如：向经理、同事或师傅要整个公司自上而下的组织结构图，迅速熟悉在宝洁工作的几种关键的联络工具，如 E-mail、语音信箱、Web 页面等。

在到宝洁的两个星期内，新员工向自己的经理了解以下问题：谁是你部门的同事和师傅？你部门的使命和目标是什么？你的经理对你三个月的业绩评估期待和目标是什么？你最首要的任务和重点是什么？在你的工作中什么培训将对你的新工作有益？……

宝洁最强调的，还是员工的自我塑造和自我培训。宝洁是一个生存在网络上的公司，有非常发达的内部网，其中有一个庞大的 E-learning 系统。它与传统的学习环境相比有三个最主要的区别：首先，内容是通过 Web 进行发送；其次是对学习进行电子化管理，包括学习跟踪、报告及评价；其三是在学习过程中，学员之间进行电子化的协作。E-learning 的互联网特点可以使员工的学习更加自主，另一个特性是内容比较容易更改，所以当竞争发生变化时，知识也要发生变化，通过 E-learning 能使员工跟上不断变化的经济，并且从中受益。

内部培训系统 E-learning 是一个开放的电子教学系统，员工自己管理自己的培训，就是自己决定"我上什么课，我要做什么事情"。公司内部是一个充分授权的环境。员工的职业发展和培训完全由自己来掌握。人力资源部门每年的培训目标是"我来做我的培训"，职业发展的目标是"我来负责我的发展"。

可以说，宝洁公司所做的这一切，目的只有一个，就是为员工提供一个良性的、不断挑战目标、挑战自我的工作环境，使之不断地进步，长期保持工作热情。

如果一个人长期处于同一个岗位上，这个人很容易故步自封，放松对自己的严格要求，继而导致工作态度懒散、操作僵化等问题，这对个人成长显然是非常不利的。而如果重要管理层较为"稳定"，还容易阻碍其他基层员工智慧的发挥，挫伤其他人员的工作积极性。为了避免这种情况的出现，宝洁公司在用人方面，特别实施了岗位轮换制度。在具体实践中，宝洁公司作出了以下规定：

（1）规定市场销售人员每隔两年就要变换工作城市，接手新市场，同时预防腐败等非诚信现象的发生。

（2）规定经理和高级技术员工每三年就要去同级的一个全新部门工作，目的是提高员工的知识广度，保持工作激情。

有人说，宝洁公司每一次岗位轮换，对于员工而言都是一次青春的爆发。因为每换一次岗位，自然要奋力学习，不断开拓创新，这使得宝洁公司的员工始终保持着高昂的工作热情。

理念3　　多能工

多能工是指具有操作多种机器设备的能力，并能熟练操作本组内所有工序的作业人员。在 U 形生产线上，多种机器紧凑地组合在一起，这就要求作业人员能够进行多种设备的操作，负责多道工序的作业。

多能工与少人化的关系

多能工的出发点是实现少人化。而少人化是指为了适应需求的变化，快速变更作业现场的作业人员人数。对每个作业人员来说，少人化要求作业人员具有能够应对循环时间和标准作业组合的变化以及在多数情况下能应对多个作业内容变化的能力。因此，为了迅速应对这些变化，作业人员必须是多能工，要求其对所有工序的所有岗位都比较熟练。

多能工训练的必要性

多能工是实现少人化的前提条件，培养多能工的必要性主要有以下几个方面：

①出现缺勤或因故请假者如果没有人去顶替其工作，就会使生产停滞或造成减产。

②在品种多、数量少或按接单来安排生产的情况下，会频繁地变动流水线的编程，这就要求作业人员具备多能化的技艺以适应变换机种的需要。

③适应生产计划的变更。企业为了适应激烈的市场竞争，往往会根据客户的某种要求而改变生产计划，这就要求作业者具备多种技能。

多能工训练计划表

多能工的培养要有计划地实施并定期进行考核，多能工训练计划表如表 4—6 所示。

表 4—6　　　　　　　　　　　多能工训练计划表

技能\员工	取图	剪断	铸锻	展平	消除变形	弯曲	挫磨	冲压成形	整形	热处理	焊锡	熔接	铆接	组装	抛光	训练时间合计
	2	2	2	3	3	5	5	5	5	8	8	8	8	8	8	80 天
张三	○	○	○	○	○	△	△	△	△	○	○	○	○	○	○	
李四	△	△	△	△	□	△	△	○	○	○	○	○	○	○	○	
……																
……																

注：△表示熟练，○表示基本掌握，□表示不合格，×表示不需学会。

多能工训练的方法及作用

企业可以采用岗位定期轮换制度来培养多能工，这是培训多能工最有效的方法，如表 4—7 所示。

表 4—7 　　　　　　　　　　　　　岗位定期轮换制度

方法	说明
定期调动	定期调动指的是以若干年为周期的工作场所（班组、工段、部门）的变动，其工作内容、所属关系、人事关系都发生变化，它主要以基层管理人员为对象
班内定期轮换	班内定期轮换是指根据实际情况而进行的班内变动，但人员的所属关系、人事关系基本不变
工位定期轮换	工位定期轮换指以 2~4 小时为单位，有计划地作业交替
一天班长	一天班长是指每天指定一名工人担任代理班长，承担领取辅助材料、顶工位和处理异常情况等职责，并协助班长开展工作

通过实施岗位定期轮换制度，不仅能够实现作业人员的多能化，使弹性增减作业人数成为可能，而且还可以发挥以下作用：

①调节员工的情绪，避免疲劳作业，减少工伤事故的发生。

②每次轮换时，交班人和接班人都要进行沟通与协调，并顺利完成交接，这有利于改善作业现场的人际关系。

③老员工将经验和知识不断地传授给新员工，帮助新员工快速成长，并有利于知识与技能的扩大和积累。

④组内的每一个人员都参与了组内所有的工序，增强了其对本工序所有岗位的责任感，提高了作业人员参与的热情和积极性。

综上所述，为了实现多能工化，企业就必须对员工进行教育与培训，以使作业人员能够轻松应对生产经营中出现的各类问题。

第 3 节　准时化生产

准时化生产方式诞生在丰田公司，但它并不是仅适用于汽车生产。事实上，准时化生产方式作为一种彻底追求生产过程合理性、高效性和灵活性的生产管理技术，它已被应用于日本的许多行业和众多企业之中。同样，它的基本思想、基本原理和基本技法对我国企业的生产方式和管理方法的现代化具有重要的借鉴意义和参考价值。

实际上，早在 20 世纪 80 年代初，丰田准时化生产方式就被介绍到了我国。遗憾的是，当时我们误认为准时化生产方式就是"看板管理"（Kanban）。我们的一些企业曾简单地模仿传递看板，但并未见到成效，于是就草率地把它否定了。实践表明，如果没有生产经营观念的彻底转变和管理意识的彻底更新，没有对准时化生产方式进行系统性研究，而仅仅是模仿某个单项技法，准时化生产是不可能实现的。因此，在借鉴丰田生产方式时，我们首先对其进行系统性的研究是极为重要和必要的。

案例 1　动作经济原则的妙用

柿内幸夫是日本改善顾问股份有限公司董事长、首席顾问兼工程师。在生产管理方面，他一直建议人们按照动作经济原则来设计作业动作。

所谓"动作经济原则"，是指能以最少的"工"的投入，产生最有效率的效果，达成作业目的。该原则旨在寻求省时、省力、高效率的操作方法，对有效安排作业动作、提高作业效率、实现精益化管理能够提供很大的助益。

以生产部门的物品摆放为例，柿内幸夫会严格要求操作人员遵循动作经济四原则进行操作。

（1）缩短距离。在决定物品的摆放位置时，要距离操作人员更近一些，以缩短搬运距离。

（2）便于同时使用双手。操作人员两只手对称地同时进行工作，没有换手动作的作业方法。

（3）减少动作次数。例如，减少操作人员动作中的"暂时放置"、"换手"这类"无谓"的动作。

（4）轻松愉快。站在实际进行作业的人的角度来考虑，绞尽脑汁去思考是否存在更轻松的作业方式，进行最后的微调整。

通常情况下，主管人员可以借助人体动作设计、作业地布置、工具和设备等方法，来落实动作经济四原则。

以作业地布置为例，我们知道，生产现场的布置情况会对操作人员的动作造成很大影响。如在排列元件容器时，人们以往会将元件容器直线排列，使得部分元件的位置超出标准范围，取元件的节奏也不统一。如果将元件容器以弧形排列，都放置在标准作业范围之内，那么不仅动作距离被缩短了，生产节奏也会更顺畅。

而如果运用动作经济原则时，柿内幸夫则会根据现场实际情况来发掘更合理的改善方法，制定标准作业方法，以最大限度地减少在人力方面存在的过多浪费。

日本筑波大学的门田安弘教授曾指出："丰田生产方式是一个完整的生产技术综合体，而看板管理仅仅是实现准时化生产的工具之一。把看板管理等同于丰田生产方式是一种非常错误的认识。"

丰田的准时化生产方式通过看板管理，成功地制止了过量生产，实现了"在必要的时刻生产必要数量的必要产品（或零部件）"，从而彻底消除了在制品过量的浪费，以及由之衍生出来的种种间接浪费。因此，每当人们说起丰田生产方式，往往容易只会想到看板管理和减少在制品库存。事实上，丰田公司以看板管理为手段，制止过量生产，减少在制品，从而使产生次品的原因和隐藏在生产过程中的种种问题及不合理成分充分暴露出来，然后通过旨在解决这些问题的改善活动，彻底消除引起成本增加的种种浪费，实现生产过程的合理性、高效性和灵活性。这才是丰田准时化生产方式的真谛。

推行准时化生产方式并不是要彻底否定现状，也不是完全照搬其他企业的经验与方法，而应该首先分析企业自身是如何组织生产的，从而把企业在组织生产过程中存在的问题暴露出来，然后运用准时化生产方式的一系列方法进行变革与改善。要分析企业自身组织生产的特点，则必须首先了解产品的生产周期。

在现代生产中，产品的生产周期（lead time）是被企业管理者反复强调的一个概念，简称 L/T。产品的生产周期是由信息处理周期和实物流动周期组成的。信息流、实物流和资金流将企业、客户以及供应商这三者有机地连接在了一起。

丰田汽车公司的创始人丰田喜一郎曾作出如此构想："诸如汽车生产这类综合工业，最好将每个必要的零部件非常准时地集中至装配线上，工人每天只需完成必要的数量即可。"大野耐一将丰田喜一郎这个思路灵活地应用到汽车生产现场，从而形成了一套严谨成熟的"准时化生产"体系。

首先是生产线的整流化。大野耐一学习福特的流水线工作方式，将"以设备为中心进行加工"的生产方式改变为"根据产品的加工工艺来摆放设备"，形成专线生产，并计算出每个产品的节拍时间。所谓节拍时间，即如生产 A 产品，一天需要 480 个，一天的劳动时间是 480 分钟，那么就可以计算出，生产一个 A 产品的节拍时间是 1 分钟。有了这个节拍时间概念，生产线只要按节拍时间持续流动生产即可。节拍时间是 TPS（丰田生产体系）中最重要的概念。

其次是拉动式生产。TPS之前的生产方式是生产计划部门把计划发给各道工序。由于各道工序发生故障的时间有所不同，导致个别工序生产的部件较多，而部分工序生产的部件又很少，这样一来，不仅会导致生产线运转不流畅，还会造成大量在线库存。

为了解决这些问题，大野耐一从美国超市的取货环节得到启发，开始了一种没有浪费的流程假设。基于这种假设，大野耐一创造了"从后工序到前工序取件"的流程，使"推动式生产"变成了"拉动式生产"——每拉动一下最后一道工序，这条生产线就紧一紧，从而带动上一道工序的运转，消除了库存。

对于大野耐一提出的准时化生产观点，丰田内部发出了一片质疑声。大家普遍认为，做得越多，生产能力才能提升得越快。而大野则坚持："做多了不行。只能在必要的时候做必要的产品"，他甚至做好了"不成功便成仁"的思想准备——"如果不成功，我会剖腹自杀谢罪"。从那时开始，大野到车间从来不佩戴安全帽。他说："如果背后有人想用锤子打我，戴不戴安全帽都一样。"

为了达到目的，大野耐一不断鼓动那些高级管理者。他的准时化生产方式得以实施，并慢慢地被接受。后来，大野耐一的管理方法取得初步实效，并在更大的范围内得到应用，大野耐一的周围也聚集了一些乐于参与精益推行的人。通过对生产现场的观察和思考，他们提出了一系列革新，如三分钟换模法、现场改善、五问法、供应商队伍重组等，最终建立起了一套适合日本的丰田生产方式。

在大野耐一的准时化生产中，他们主要解决的还是工序间的节拍均衡问题。实际上，在调整了工序的生产节拍之后，下一步就应该对另外两种不均衡情况进行管理，以实现生产负荷的均衡化。

在百分之百的一个流中，企业可以按照客户订单的顺序生产产品，这时候生产的过程可能是A、A、A、B、C、B、A……但是，这种情况显然会使生产这些产品所需的零部件的生产和加工产生极大的波动性。而且，由于各种加工耗时和人工的不同，从整体来看就会造成各种资源使用的不均衡。这时候，生产的过程并不精益。明智的做法是，企业可以根据某段时间内客户的总体需求进行平均化的生产日程安排，实现此阶段的生产平稳。

理念 2　　　　　节拍运作

节拍是指产出两个相同产品的时间间隔，或是完成同一工作任务所需要的时间。节拍是实现工作规范化的依据，也是确定工作量的依据。在实际生产中，节拍最大值即为整条生产线的效率，控制节拍是实现均衡化生产的基础。

举例来说，假如一家企业需要生产三种不同规格的产品 A、B、C。在一般的需求状态下，A 的需求量最大，B 次之，C 最少。这时，企业的选择往往是先在一周的开始几天集中生产 A 产品，然后生产 B，最后的时间生产少量的 C。这种方式会出现下面的弊端：

（1）资源使用不均衡。因为不同产品对资源的耗费并不相同，因此这种生产方式会导致资源使用的波动。比如，A 需要的人工最多，C 最少，那么在一周的头几天就会需要大量的工人，而临近周末则只需要少数人工。这对人力资源的使用效率是一个挑战。

（2）需求波动造成生产危机。客户的需求具有不可预测性，当需求变动时，就会打乱按部就班的生产方式。比如说，需求最少的 C 产品突然出现了加急订单，不管是生产商自己还是零件供应商的步调都会被打乱。或许企业拥有存货储备，但是这个存货是按照什么标准设置的？是否会形成高昂的存货成本呢？

在前文中我们讲到，压缩换模具的时间使得生产线的转换更加迅速，保证了企业对客户需求的迅速反应。保险杠公司在采用日进度表方式生产时，采用了订单的均衡化安排，比如每月需要两种产品各 10 000 个和 8 000 个，则安排每日各生产 500 个和 400 个。这个过程是怎么实现的呢？

首先，为了生产不同产品而进行的设备切换工作是一种不产生价值的活动，但又是不得不进行的活动。这就要求这一活动的时间应该尽可能地缩短。丰田的工作人员分析发现，更换设备的时间之所以耗时，是因为工人进行这项活动的第一个步骤就是停止原有模具的工作，然后运来另一种产品生产所需的模具、工具、零件等等，再进行更换。在这个过程中，不可避免地发生了大量的等待。实际上，这当中的很多工作可以在前一种模具还在工作的时候完成。如果企业把不同的设备工具和零件都整合到一起，形成一条混合式的生产线，就可以节省搬运的各种耗费。

实际上，在数年前需要花费几个小时的换模时间，如今只需要几分钟就可以完成，甚至有的团队将其压缩到了几十秒。而更换设备时间的迅速缩短，使得生产线在不同产品之间的迅速切换成为可能。

在这样一个前提下，企业就可以更好地安排工作表，实现各种产品的均衡化生产了。仍以上面的企业为例，它们的日生产模式就可以变成 A、A、A、B、B、C 类似的模式了。

至此，企业建立了基本的均衡化生产模式。但是，客户的需求仍然会出现大的波动，有的企业甚至面临淡季、旺季的规律性交替。这时候，难道要让突如其来的订单打乱已有的均衡化生产吗？答案是否定的。面临这种情况，丰田提出，企业应当持有少量的成品存货。这一点同流程中持有必要的零件存货用意相同。

零件存货和看板拉动促进了一个流作业，而成品存货则保证了生产的均衡，与一个流形成互补，更好地实现了精益。

其实，在均衡的生产模式下，企业实际已经形成了某些产品的固定存货。比如上述的三种产品，假设 C 是一种季节性的产品，现有的生产模式下就是在均衡地储备存货，以应对旺季来临时的大量需求。而多生产的 A、B 类产品，则可以用以应对额外的需求。

辅助阅读

丰田对节拍的精益掌控

精益生产并不是一个极具规律性的事物，它存在着很多只可意会、不可言传之处。一个直观的感受是，对生产节拍的控制是丰田公司一个铁的原则。所谓节拍，是指将生产时间细化到每一件产品上。例如，如果月产量为 5 000 辆车，作业时间为 25 天，每天两班制工作共 16 个小时，那么生产节拍即是每辆车 4.8 分钟。

在丰田公司，打造每辆车 4.8 分钟的持续出货机制是非常重要的。为了保证生产节拍，即使使用人海战术，或加大设备投资，或在易产生次品的工序准备安全库存，也在所不惜。但无论如何，丰田公司都绝不会向成本作出妥协。事实上，丰田公司曾专门为其制造厂制定了发动机的出品时间——早上开始铸铁，晚上就要组装为成型汽车，在院子里能开动起来。

在确保节拍的基础上，大野耐一提出了"不管是生产 1 辆还是 1 000 辆，单位成本都要一样"的口号。这与传统观点是完全相悖的。因为人们通常认为，小批量生产的单件产品成本会较高。

但是，如果从资金管理的角度来考虑，大野耐一的口号却有其合理性。我们假设两家汽车公司的月产量都是 40 辆，A 公司每天生产 1 辆并出货，B 公司以"汇总生产"的方式生产，最后第 40 天一次出货 40 辆。批量大的 B 公司因换线时间少，单位成本似乎更低。但在现金流和资金占用率方面，A 公司显然有更大的优势，它每天都只需投入 1 辆汽车的材料费即可，而 B 公司则要在月初便投入 40 辆车的材料费。此外，如果 B 公司的月平均库存量为 20 辆（＝40 辆/2），就要额外准备 20 辆车的资金作为周转资金，而 A 公司却可以拿这 20 辆车的资金进行再投资。

这个资金节约策略的结果就是，实现了"只生产必要的东西"的订单式生产，并可将"零库存"理念付诸实施。其实，丰田公司之所以对节拍如此重视，力保实施严格的即时化生产，正是因为它与众不同的成本观。

抓住精益人才

　　很多管理者都在思考一个问题："丰田生产方式是如何发展到当前规模的？"对此众说纷纭，但是却没有人能够给出一个确切的答案。不过，可以确信的是，如果缺少了优秀人才，那么丰田生产方式便会很快面临崩盘的境地。在丰田生产方式发展的早期阶段，大野耐一曾希望他的这些理念能够得以快速推广，但是他却遗憾地发现：当时丰田的员工尚不具备足够的能力。

　　有一次，大野耐一进入生产车间，想尝试完成一项任务，这项任务需要几位具备多项技能的员工来共同操作。但是，在执行该任务的过程中，他却受到了很大的阻力。大野耐一自此意识到：丰田必须培养出一些能够支持自己将这些理念转化为现实的员工。如果仅仅一味地要求员工遵循企业制度规范，那么最终是难以实现这一目标的。而那些具有主动思考能力的员工，却可以协助他将自己的新理念付诸实践。事实上，企业构建工作流的目的正是暴露出工作中潜藏的问题，迫使员工主动思考解决问题的方法，并帮助员工提升自身的素质能力。

　　不过，大野耐一的思想又一次遭到反对。有些管理者借用亨利·福特的话来驳斥大野耐一的用人理念："我需要一双手，为什么还要加上一颗脑袋呢？"也就是说，企业只需要员工做事，而不需要他们贡献别的。那些思考、创造、改善、发展等活动交给管理者和相关专家即可。而大野耐一斩钉截铁地告诉他们："仅仅依靠几位管理部门的专家，无法应对精益管理中的所有问题。如果继续沿用过去的单纯依赖管理层的做法，那么必将导致丰田生产方式的失败。"

　　反对声浪没有击退大野耐一，反而使他的想法更加坚定了。大野耐一迅速着手为丰田招聘一大批优秀员工。他希望那些具有优秀人才潜力的员工可以迅速上岗。但是，现实情况却使大野耐一感到非常无奈：这些新招聘的员工与其他企业的员工具有相似的广泛特性和问题，诸如缺勤、拒绝变革、缺乏干劲甚至不愿意接受丰田生产方式的理念等现象也同样存在于丰田员工的身上。

　　大野耐一无奈的感慨，相信很多中国管理者都感同身受。如今，很多中国企业纷纷开始走上精益生产之路，越来越多的企业意识到如果不进行生产领域革新的话，那么企业未来很可能走进一条死胡同。但是，每个企业又都面临着一个难题：缺乏精益生产方面的人才。目前数万家企业都在如饥似渴地期待着能够给企业带来利益的精益生产人才。虽然各家企业都在大张旗鼓地招聘人才，甚至开出高于同行业的薪酬，以期将最优秀的人才招募本企业麾下，但是招聘来的人才却总是存在某方面的欠缺。

　　其实，这是人类行为普遍存在的现实性和局限性。大野耐一在实行精益管理的过程中逐渐意识到这一点。他认为可以借助有效的人才机制，来将这些局限性降至最低。于是，在员工招聘时，丰田会根据应聘者的潜力、是否适合特定工作以及丰田的企业文化来谨慎地挑选员工。只有那些具备常见问题的解决能力并愿意参与团队协作的应聘者才有资格被录用；而后，丰田即开始对员工进行特定能力培训，将员工一步步塑造为符合企业需求的员工。可以说，丰田这种人才养成机制值得很多企业学习和借鉴。

理念3　　　　　　　　　人员的弹性配置

管理的任务就是找到合适的人，摆在合适的地方做一件事，然后鼓励他们用自己的创意完成手上的工作。

无论是什么企业的精益实践，人力资源永远是一个不可忽视的重要因素。因为人力资源是企业系统中最难协同而又贯穿于经营过程始终并控制每一个环节的系统构成。因此，构建基于战略的企业人力资源管理体系是企业精益实践中的一个关键。

在实践中造就高素质人才

有的管理者可能会说：那么多企业都仅仅对员工进行了很少的培训，不是仍然运转着吗？

其实，这是因为这些企业允许其系统内存在"不同水平、不同能力的员工"。它们无须严格地把新员工或受训者全部同化为"具有相同能力水平的员工"，即便这些新员工跟不上生产进度，导致下一个作业环节必须通过缓冲库存继续生产，但企业上下却并不关心员工是否表现得足够优秀，生产线是否得到了充分的改善。

让员工自主学习，寻求进步空间

让员工被动接受学习与教育永远是一种不可取的选择。试想：如果一项学习与培训方案让员工毫不感兴趣，那么他会将学习本身视为一种负担，根本不会投入其中，学习效果自然不佳。因此，企业经营者应始终信奉一个重要原则：让员工主动寻求进步，自主学习。

辅助阅读

海尔集团的三工动态转换

海尔集团在员工奖惩管理方面，其中有一项"三工并存，动态转换"的管理举措。所谓"三工转换"，是指全体员工分为优秀员工、合格员工、试用员工三种，在福利、分房、补贴、医疗费、退休养老金、出国培训、休假疗养等各方面分别享受不同待遇，并根据工作业绩和贡献大小进行动态转换。

这种管理举措与员工物质待遇挂钩，使得员工对自己所处的工种类型非常关注，并努力使自己始终处于自己期望的类型中。

海尔集团检验处有位老员工，一次由于工作疏忽，将一台应换侧板的冰箱盖上了周转章，转到了下一道工序，由于没有严把质量关，造成了数千元的损失，按照海尔的规定，他由合格员工转换成试用员工。

在接下来的几个月里，他针对本岗位的薄弱环节提出了数条合理化建议，其中大部分建议都得到了采纳，并且他还在一次生产中及时发现并处理了上一班员工生产的数只废箱体，从而避免了一次重大质量事故的发生，按照集团的奖惩制度，他被重新转换为合格员工。

海尔集团的三工动态转换制度是面向所有员工的，其激励效果亦是全面的。这种用工制度增强了员工的危机感和进取精神，让员工的能力得到充分的发挥，大大激发了他们的工作热情，使企业不断激发出新的活力。

海尔国际化战略能否成功，主要是靠每一个海尔人的国际化；有了每一个人的国际化，才能保证海尔集团的国际化。

第**5**章

精益控制与管理流

不管曾经花费多么长时间去思考，也不管方案看起来多么有创意，在实施之前，我们都无法确定将要发生的事情以及将会得到的结果。通过精益的控制方法，能够有效掌握管理流程的方向。

第1节　不可忽视的管理流

在工作中，有些事情或因素是确定的，但有些是不确定的。根据流程的不同类型，流动单元可以是一个客户、一件产品，或者是多个产品流程中的一系列产品。这些流程单元构成了层叠流程，我们发现不同层级的人员能够通过不同的层面来观察流程。然而，无论是哪一层级的人员，关注的主要对象都是流程中流动的流动单元。

比如企业总裁可能需要从供应链的角度来观察企业的整个流程，它包含的流程单元就是供应商、企业内部的采购部门、研发部门、生产部门、销售部门、分销商以及客户。这个流程上的每个流程单元可能是该企业，或者企业的一个部门。

因此，企业不同层次的管理者就需要负责不同层面的流程管理，使每道工序的具体操作都能够顺利进行。

案例1　中层管理者的"承上启下"

通常情况下，企业的知识创造型管理会采取两种模式：一是上级对下级发号施令的"由上至下"式，二是下级向上级反映意见的"由下而上"式。然而，雅马哈却设计出了第三种模式——"承上启下"式。

雅马哈的发光吉他被作为"网络策划产品"而获得成功。它是众人都能演奏的电子吉他，其外形和普通电吉他一样，只是脖颈部分没有琴弦，左右按的部分是并列的发光按钮。选择了内部储存的曲子后，按钮就会结合节奏发出光来教人拨哪根弦。发光吉他设有自动拨弦功能，只要左手按键、右手拨弦就能弹唱，这受到了三四十岁中年人的热烈欢迎。

然而，其之所以能够取得成功，并不仅仅是因为企业在利用网站向消费者广泛征集想法，而是因为其中层管理者借助丰富的经验发挥了作用。

2001年，最初在考虑设计这款吉他之时，旭保彦在一个名为"请求"的网站上提出了自己的题目（具体说明了自己的想法和想制作什么样的吉他），然后请消费者踊跃投稿。旭保彦希望借此机会生产出能够与消费者产生共鸣的商品。

同年7—9月，旭保彦的反馈很快到了旭保彦手中。他满怀感激地阅读了两百余件稿件，并采纳了几个消费者提出的意见。最大的收获是知道了消费者"希望只用右手弹吉他时按钮不发光"。一直只考虑使吉他发光的旭保彦"恍然大悟"，做按键姿势的左右手指和发光位置错开的话，效果反而不好。但他认为，之所以能够充分利用消费者的意见，就因为他"没有不加思考地直接予以采纳"。

比如，很多人说"最好能将自己作的曲子存到计算机里"，如果直接采用这个意见，那就会在设计吉他功能时增加这个功能。但当他深刻地反思后认识到：自己是在为"要再次弹吉他的父亲"和"要开始学吉他的初学者"们开发吉他时，而"将曲子存入计算机"，这不是本次吉他开发的目标。

从旭保彦展开产品策划与设计的过程来看，他看似在全面探求消费者的意见，但实际上，最终判断结果的形成却是因为他预先形成了自己的想法和假设，故而才能领会其字里行间的含义。其假设的产生是对真、善、美的追求，如果他自己的心中没有所追求的理念，那么假设就不会产生，其想法也不会得以深化。

在后来吉他试制时，旭保彦也在"尽可能接近真正的吉他"。他说，这也是因为自己心中已经形成了某个概念。这也凸显了一个中层管理者特有的知识创造力。

此外，旭保彦还利用自己的人际关系网来实施生产。当时，他向事业部长提交关于发光吉他的产品计划书时，后者因之前并未生产过这种产品而未予批复，几经争取，才允许生产 200 把样品。

为了在年内实现计划，他不得不请求前辈帮着寻求门路，最后他与某吉他生产厂家达成了合作协议。幸好，该工厂也要挑战新产品，便定员全员参加生产，结果完成了月产一万把的生产线。

随后，旭保彦在"请求"的网页上，征集订货者，一天内卖掉了第一批的 50 把；在雅马哈的首页上征集第二批 10 台的订货者，结果收到 1 300 份订单。自此，雅马哈营业部开始重视这个顾客没有接触到的乐器，并决定开始生产。2002 年 6 月，旭保彦终于实现了销售产品的愿望。

从整个生产与销售过程来看，旭保彦并不是一个简单意义上的设计者，他更像是一个有效的资源协调者。在产品设计完成后，他积极地协调各处资源，将所有资源纳为己用，从而确保了计划实施的顺利进行。这归结到一点，便是其超组织的人际关系所发挥出的"辅助"作用。而这种人际关系的掌握和利用，则要归功于旭保彦身为企业中层管理者的多年积淀。

我们知道，大多数中层管理者是小组或团队的领导，他们处在公司内横向和纵向流动的知识的交叉点，能使高层领导和一线工作人员连接起来，共同进行知识创造。中层管理者很容易被看成是"变化迟缓的、被迫下岗的预备军"。实际上，他们有能力在企业创新中发挥积极作用。而雅马哈在制作"发光吉他"时，却充分展现了中层管理者置于知识管理的中心位置。

理念 1　　　　　　　　　　　　　**管理流程的方向**

　　这实际上便是一种"承上启下"式管理的典型模式：上层领导将自己的愿景和理想之球投向下属，为他们提供"场"。而第一线的工作人员很容易沉迷于日常的现实世界，越是精通每日的工作，视野和想法就会越僵化。

　　于是，这就需要中层管理者创造具体的概念，这种概念能够融合上层领导的设想与现实世界之间的矛盾，想尽一切办法促进企业的知识创造。在这一过程中，中层管理者将这个愿景翻译过来，发挥了传教士的作用。

　　在上述案例中，身为中层管理者的旭保彦接到上司的命令后，运用各种人际关系，充分调动年轻人的力量。

　　这种"承上启下"式管理是日本企业的得意之技，近年来也受到欧美管理者的重视。对于这种管理模式优势，我们可以通过观察图 5—1 来分析。

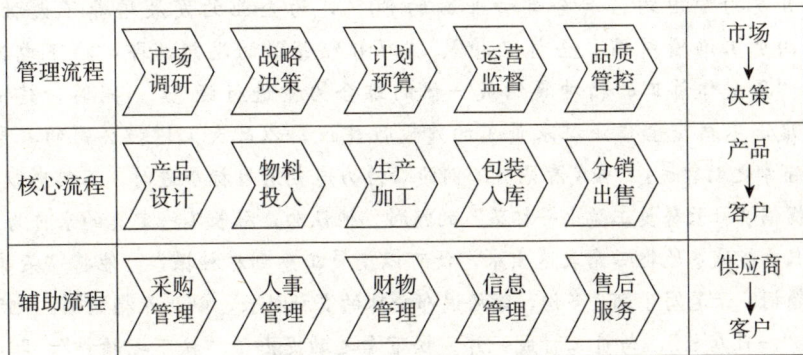

管理流程	市场调研	战略决策	计划预算	运营监督	品质管控	市场↓决策
核心流程	产品设计	物料投入	生产加工	包装入库	分销出售	产品↓客户
辅助流程	采购管理	人事管理	财物管理	信息管理	售后服务	供应商↓客户

图 5—1　企业管理流程的分类

　　根据图 5—1 的描述，比如生产一辆汽车，往往需要数千人的共同劳动，经过上万道工序组成的数百条生产流水线来完成。如此庞大且复杂的流程仅仅靠厂长一人便可以完全掌控吗？如果仅由一名高层管理者去关注每一辆汽车的生产流程细节，可以说是天方夜谭。哪怕是一件很简单的工作，在经过专业细分之后，整个流程的细节也会按几何式地倍数增长。

　　因此，管理者所要做的并不是事必躬亲，而是在对整个生产流程了解之后，有效地确保该流程的运行方向是正确的，运转的过程是通畅的。

案例 2　　　　　　　　　　　　　**全员参与带动流程**

　　孙子在论述战争胜利的条件时，曾总结出这样一条原理："上下同欲者胜。"

松下电器从一个微不足道的小作坊起家，如今已经发展成为世界知名的大公司，在全世界设有230多家公司，员工数量达36万；仅在中国，就设立了81家分公司，员工数量达10万，销售额高达近9万亿日元。

是什么原因使它们的产品得以风靡世界呢？其中，一个重要原因就是松下电器能够结成一个"上下同欲"的共同体。通过共存共荣的努力，松下电器得以在市场上大获成功。

有人曾评价称，松下幸之助提出的"集思广益的全体员工式经营"、"员工的主人公精神"、"在生产产品之前，首先要育人"等七条经营理念，其中每条都包含了"以人为本"的理念。企业经营中最核心的机密，松下幸之助都会向员工公开，全部交给员工。在他看来，企业的生存和发展离不开每个员工的同舟共济，要使得员工的能量发挥到极致。

松下幸之助一再强调："松下电器公司是制造人才的地方，兼而制造电器产品。"在这一理念的指导下，他创办了"松下政经塾"。而公司每年用于人员培训与科研开发的费用约占其全部营业额的80%，为企业的发展培养了大批人才。企业还向员工灌输所谓"全员经营"、"群智经营"的思想，即：松下电器的经营，是"用全体员工的精神集结成一体的综合力量进行经营"；同时，建立提案奖励制度，不惜重金广泛征求员工的建设性建议，以此大大增强公司的凝聚力。

松下幸之助曾说："当我看见员工们同心协力地朝着目标奋进时，不禁感慨万分。"他一直提倡"社长替员工端上一杯茶"的精神。他认为，社长不一定真的亲自为下属倒茶，但只要能诚恳地把心意表达出来，便可以使员工感到精神振奋。他将"荣辱与共"的四字题词，亲笔写了250多份，赠给遍布全球的支社社长，以此互相勉励。他还到销售店做"一日店长"，与员工打成一片。松下幸之助提出了"松下七精神"，即：产业报国、光明正大、和亲一致、力争向上、礼节谦让、顺应同化、感谢报恩。

在这种经营理念的引导下，松下电器中每位员工都切实把公司的事情当作自己的事情来做，全公司没有上下级之间的明显界限，谁有了好想法就提出来，然后大家共同讨论，将想法付诸实践。

松下说："如果员工无拘无束地向科长提出各种建议，那就等于科长完成了自己任务的一半，或者是一大半；反之，如果企业里一片唯命是从的局面，那只会使企业走向衰败。"

当员工提出合理化建议后，松下公司无不认真对待。公司会将这些建议按成效分成9个等级——对有的建议作出表扬，对有的建议作出奖励，对贡献大的建议给予重奖。总之，每一项建议，都会很快得到满意的反馈。

而松下公司采取上述措施的初衷就是，引导员工把公司的事业看成是"自己的事业"，从而燃烧起自己的热情，把"首创精神"用于工作，"产生无法想象的伟大力量"。

此外，松下幸之助还实施"高福利"政策——他鼓励员工向公司进行投资，建立"储蓄制度"。特别是在公司改组为"有限公司"后，松下公司开始施行附有奖金的"投资储蓄制度"，建立了新的"员工拥有住房制度"，改善了公司内部的住宅分售、贷款制度，建立了福利养老金制度，并根据员工个人志愿，把"退休金"改为"终身养老金"。

通过倡导"全员参与企业经营"，松下公司真正实现了"上下同欲"，而其取得的实践成果也恰恰佐证了这种经营理念的正确性。

理念 2　　　　大组织的管理流程

阿尔弗雷德·D·钱德勒以企业史研究而著称于世。可以说，在很大程度上，企业史这一研究领域就是他开创的。作为企业史学者，他令人信服地描述了大公司的发展历程。他的三部著作《战略与结构》、《看得见的手》和《规模与范围》，被誉为管理学界的经典之作。

钱德勒始终坚信，现代大企业是国民财富最重要的创造者，是经济发展的动力。企业对大规模生产和分配的组织能力，不仅提供了企业成长的动力源泉，而且决定了企业和国家的兴衰。

在《看得见的手》一书中，钱德勒认为："现代工商业企业在协调经济互动和分配资源方面已经取代了亚当·斯密所谓的市场经济的'无形的手'。市场依旧是商品和服务需求的创造者，但是现代工商企业已经接管了协调生产和分配过程中的产品流量的功能，以及为未来的生产和分配分派资金和人员的功能。由于获得了原先为市场所执行的功能，因此现代工商企业已成为美国经济中规模最为庞大的机构。"

在钱德勒看来，管理协调这只"看得见的手"，相比市场协调这只"看不见的手"而言，能够带来巨大的生产力和丰厚的利润，能够提高资本的竞争力。而这正是现代工商业企业规模不断扩大的初步原因。

辅助阅读

对大组织管理流的"大手术"

当然，现代工商业企业对新的经营单位进行投资还有其他的原因，这就是在生产或经销上实现规模经济。通过联合生产或联合经销，企业可以提高资源利用率，减少市场交易的成本。为此，钱德勒以美孚石油公司和德国化学公司为例，说明企业规模扩大所带来的规模效益。

　　1882 年，美孚石油联盟组成了美孚石油托拉斯。而组建联盟的目的，并不是为了获取石油产业的控制权。事实上，那时该联盟成员已经生产了美国煤油产量的 90%。美孚石油托拉斯是一个由 40 家石油公司组成的松散联盟，而每家公司都有自己的地位和管理的身份，只不过后来通过交换股票和其他财务手段，约翰·洛克菲勒的美孚石油公司才取得控制权。因此，成立美孚石油托拉斯只是为了提供一个法律文书，以便使工业合理化，并更加充分地利用规模经济。

　　因为该托拉斯为建立一个中央办事处提供了基本的合法的手段，所以使美孚石油联盟可以办成两件事。第一，通过关闭一些炼油厂、改造一些炼油厂、建立一些炼油厂，实现了石油生产工艺的改组；第二，协调油料的流量，从油田到炼油厂，再由炼油厂到消费者，油料都在控制之中。

　　由此就有可能在三个炼油厂中集中生产世界煤油产量的 1/4，平均每天有 6 500 桶的炼油的装载量，有 2/3 的产品运往海外市场。而且炼油设施的改组使得生产煤油的单位平均成本获得了大幅度的下降。1880 年，日产能为 1 500～2 000 桶的炼油厂，其平均生产成本约为每加仑 2.5 美分。到了 1885 年，这种规模的工厂的平均生产成本已降到 1.5 美分。根据该托拉斯的制造委员会数据汇编的记载，就所有工厂而言，生产 1 加仑原油的平均成本已从 1884 年的 0.534 美分降至 1885 年的 0.452 美分，而由此产生的利润幅度从 1884 年的 0.530 美分上升至 1885 年的 1.003 美分。如这些数字所示，这些巨大的炼油厂的单位成本远远低于任何竞争对手的单位成本。

　　当美孚石油公司为了实现规模经济而对其大炼油厂进行投资时，德国染料制造商正在进行更大的投资，以便充分地利用范围经济。毫不夸张地说，扩大后的工厂可以生产数百种染料以及同样多的药品，而这些产品所用的是同样的原料和同一套中间化学化合物。

　　最先进行这种投资，以便利用规模经济和范围经济优势的三家企业——拜耳、赫希斯特和巴斯夫公司——把红茜素这一新的合成燃料的价格从 1869 年的每千克 270 马克削减到 1886 年的每千克 9 马克，并把它们的其他染料作出相应的减价。

　　美孚石油公司和德国化学公司绝不是独一无二的。新的大规模生产技术使得一些工商业在达到最大效率规模之前，生产成本大幅度下降。而在许多工业里，具有这种规模的工厂的生产能力十分强大，使得少数的工厂就能满足整个地区或国家现有的需求，甚至是全世界的需求。而这些工厂很快就形成了寡头垄断，在卖方寡头中，少数企业在世界范围内进行竞争。

第 2 节　精益控制的内容

　　精益管理的目的是为了使企业在为顾客提供满意的产品或服务时，把浪费降低到最低程度。在流程管理中，诸如废品、库存积压、机器闲置、人员随意离岗等现象都给企业带来严重的浪费，而这些也都是精益管理所能控制与改善的内容。

　　在流程管理中引入精益思维，能够让企业以最小的投入，包括人力、设备、资金、材料、时间和空间，创造出更多的价值，为顾客提供满意的产品和及时的服务。

案例 1　　　　　　　　　　**产线布局的瓶颈优化**

　　某企业在改善管理以前的生产工序如图 5—2 所示。

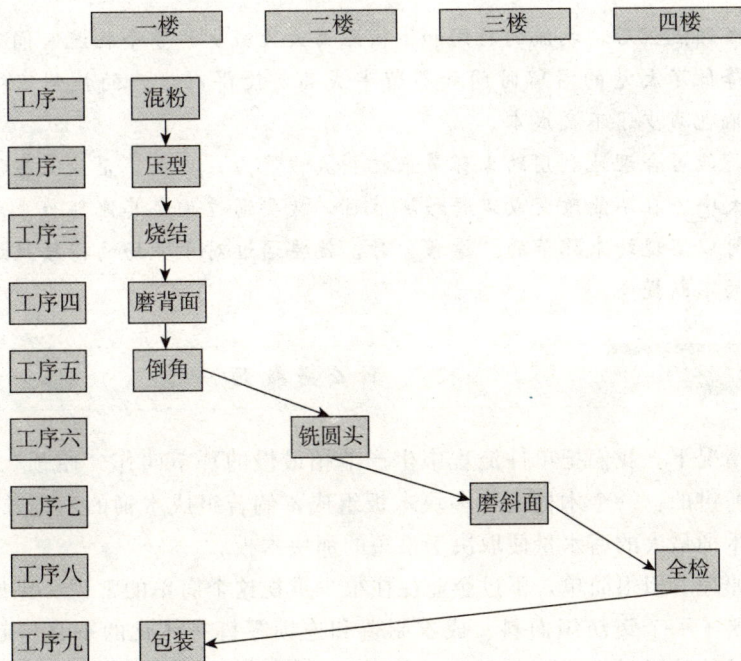

图 5—2　生产改进前流程

　　由图 5—2 可以看到，在铣圆头、磨斜面、全检、包装四个工序间因楼层原因导致物流距离过长，在实际的生产过程中，该企业每个楼层（车间）间基本上保持着一个工作日一次的半成品周转，导致了大量的工序间库存。由于各楼层各自为政，这种大量滞留的瓶颈工序也就一直无人管理，这样从开始加工到最后产出成品需要5天时间。

该企业根据流程改进策略对相应工序进行改进，将原来的铣圆头、磨斜面、全检、包装四道工序集合到一个楼层（车间）进行。改进后的流程，同一车间的各工序间实现即时化的物流周转，两个车间的衔接工序匹配专门的物流协调员，使两个车间实现每小时一次的半成品周转。

图5—3所示为瓶颈约束改进后的流程。

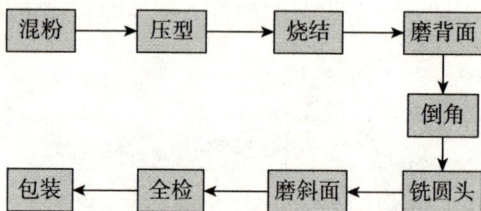

图5—3 瓶颈约束改进后的流程

化解瓶颈流程后，物流的时间和运输距离大大减少，整个物流时间不超过一个小时，降低了大量的滞留时间和滞留半成品，使得对生产的控制变得更加容易，相应地也减少了不良成本。

总之，能否合理地利用约束环节来控制流程能力，决定了企业业务流程的畅通程度的大小。在不能改变或者转移环节时，就要通过改变其他环节来削弱它的影响；在可以实现约束环节的"漂移"时，就要通过对于现场的持续改进来实现流程能力的不断提高。

理念1　　　　　　　　　　　　　　**什么是瓶颈**

通常情况下，我们把单件流程中生产节拍最慢的环节叫作"瓶颈"。就好比木桶原理所讲的：一个木桶由许多块木板组成，倘若组成木桶的木板长短不一，那么这个木桶最大的盛水量便取决于最短的那块木板。

木桶原理看似很简单，不过企业往往很少重视这个简单的常识。比如某服装公司曾构筑了一个集纺织面料、成衣制造和连锁零售一体化的垂直型超级产业链，从上游的纺织城开始，经过中游服装城的中转站，分配到下游的各个旗舰店，可谓打造了一条巨大的一条龙产业链。

以图5—4为例，各节拍分别为30S、28S、26S、32S、28S，而整个流程定拍30S，其中工序D为32S，即被可判定为瓶颈。

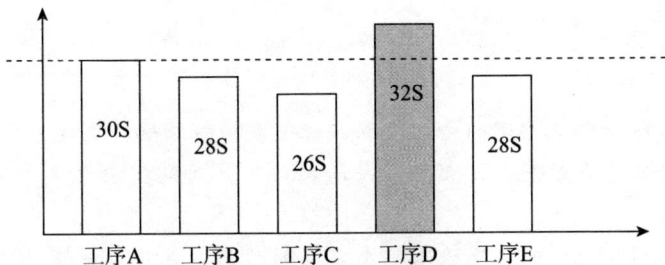

图 5—4　瓶颈示意

一般来说，生产节拍最慢的环节就是瓶颈环节。生产瓶颈不仅影响到整个流程的生产能力，还会造成其他工序生产能力的浪费。

为了便于流程的管理，企业的管理者一般会将一个大的业务流程分解成为几个便于完成的小环节，同时还设立各种激励机制。节点生产效率对整体流程的影响如图 5—5 所示。

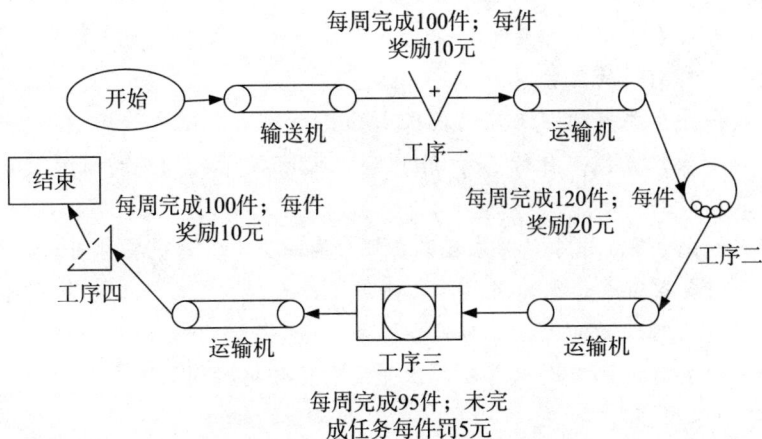

图 5—5　个别生产效率对整体的影响

由图 5—5 可知，工序三的生产能力最小，为流程的瓶颈环节。不管其他环节的生产能力是多少，整个生产流程的生产能力仅为 95 个。通过激励来增加其他生产工序的生产能力，只会增加中间库存。

企业的流程链条越长，并不能代表企业的竞争力也越强。根据木桶理论的描述，链条的强度并不取决于它最强的环节，而是由它最为薄弱的环节决定的。

大野耐一圈

当今世界推行精益管理的企业很多，但是成功的很少，这是为什么？前文提到，价值创造集中在基层。而大野耐一的精益生产对此提出了更加明确的要求，即现地现物。

大野耐一所推行的精益生产有一个重要的原则，就是现地现物。"现地"是指实地，"现物"即是实际的材料或产品。在丰田内部，"现地现物"的含义就是：亲自到现场查看以了解实际情况。

为了确保人们有效地观察作业现场，大野耐一创立了一种非常有效的观察方法，世人称之为"大野耐一圈"。在丰田公司，有许多关于"大野耐一圈"的故事，很多人都在大野耐一的指导下亲身体验过、成功实现了并在持续应用着这种方法来观察现场。

前任北美地区丰田汽车制造公司总裁箕浦照幸，曾直接向大野耐一学习丰田生产方式。而他在丰田公司最早接受的教育之一就是站在一个圆圈里。箕浦照幸曾对人说起大野耐一的教导：

大野耐一先生要我们在工厂的地板上画一个圆圈，他告诉我们："站在那个圆圈里，观看操作流程并自行思考。"他甚至没有提示我们观看什么，这正是丰田生产方式的精髓。

大野耐一先生早上进来，要求我站在那个圆圈里，直到晚餐时间。其间，他曾进来一次，问我在观看什么，当然，我回答了，我说："流程中有太多问题……"但是，他并没有听我的回答，他只是在观看。

等接近晚餐时，他又进来看我，但并没有花任何时间给我反馈意见，只是温和地说："回家吧。"

这种训练如果发生在其他的工厂里，将会是一件难以想象的事情。因为就我们日常所见，不会有哪个工程师可以站在一个圆圈里半个小时，更别说站上一整天了。

但是，箕浦照幸深知，这是一门重要的课程，也自认能被这位丰田生产方式大师如此教导是他的无上荣耀。那么，到底大野耐一教导了他什么呢？他在教导箕浦照幸自主思考自己所观察到的事物，亦即深入观察、提出质疑、作出分析与评估的能力。

我们再来看一个例子。

克利斯迪安托·佐加是一位从事现场改善的咨询师，早年他曾服务于丰田汽车公司。他曾说起自己第一次被派往日本丰田工厂接受训练的情形：第一天，一位督导人员被指派为他的师傅,将他带到工厂的一个角落,然后用粉笔在地上画了个小圆圈,告诉他整个上午都要待在这个圆圈里,同时关注有什么事情发生。于是,佐加专注地看了又看。但是随着时间的消逝,他感到越来越烦躁,因为他看到的都是例行重复的工作。最后,他恼火地说:"我的督导想要做什么?我是被派来学习经验的,可是他没教我任何东西。难道他想显示一下自己的权威?抑或这是一种训练?"

在他感到大受挫折之时,这位督导人员回来了,并将他带到会议室。在会议室里,督导人员要求佐加描述他所观察到的一切。他被问到一些特别的问题,如:"你在那儿看到什么?""对于那个流程你有何想法?"而佐加对这些问题大多无法作答。

自此,佐加意识到自己的观察漏失了许多关键点。而后,督导人员向佐加耐心地解释那些无法回答的问题,用图表画在一张纸上,以便将整个流程描述得更清楚。此时,佐加意识到督导人员对流程有更深入的认识,同时也意识到自己的无知。他终于明白:现场是所有信息的来源。这位督导人员告诉他:要成为一个够格的丰田人,就必须喜欢现场,这是每一位丰田员工所必需的信念。

大野耐一曾说:"在制造业,数据当然重要,但是,我认为最重要的是事实。"在大野耐一看来,数据只是事实的"指针"而已,你真正该做的是到现场去寻找事实材料。有人评价大野耐一的这种方法"如同法医在调查某犯罪现场",这也丝毫不为过。

在现场调查过程中,身处圆圈中的人应专注地观察现场,并了解以下问题:

(1)我们有标准吗?

(2)现场的环境维持做得如何?

(3)工人们是否遵循标准工作程序?

(4)是否遵循平稳的流程和准时生产?

(5)零件是否在尚未需要之前就已经送到?

(6)现场里还有多少浪费存在?

身处圆圈中的观察者必须亲自观察材料送至生产线的流程,才能获得这些问题的答案。他必须亲自查看联机操作员是否使用安灯请求支持,并在必要时暂停生产线;以及小组领导者和团队领导者如何做出反应等。

这份精神传承至今,即使是丰田海外员工,也都会经历大野耐一圈的考验。起初,当事人往往不明所以,但是当被问及"看到了什么"、"对于流程有什么看法"、"问题的真正原因为何"时,答不出细节与所以然的当事人,就会明白自己对真实情况有多不了解、对自己的工作有多无知。

这就是大野耐一圈真正的用意:要让管理者通盘且彻底地掌握现场流程与细节,以找出问题的真正起因,进而做到确实的改善。

流程中的波动确实难以避免，但对其进行可控制地处理，将使得企业更加快捷地发现流程中移动的短板。关于这样的方法，我们最常见的约束理论（简称为 TOC）便是由以色列物理学家、企业管理顾问戈德拉特博士（Dr. Eliyahu M. Goldratt）开创的。该理论是他在优化生产技术（optimized production technology，OPT）基础上发展起来的管理哲理，该理论提出了在制造业经营生产活动中定义和消除制约因素的一些规范化方法，以支持连续改进（continuous improvement）。

该理论强调，所有系统都存在着一个或一个以上的约束，如果一个系统没有约束，它将具有无限大的产出能力。

但是实际的生产流程中往往存在一些薄弱环节制约着流程能力的提升。例如，一个企业生产能力足够，但是由于市场需求量小，不能拿到相应数量的订单，这一环节就足以导致企业在竞争过程中处于劣势，它制约着整个系统业务水平的提升。TOC 改善的目的就是消除这些约束。

虽然利用 TOC 进行流程改善也不可能达到无限大的业务能力产出，因为如果我们强化了业务流程中最弱的一个环节，另外的次弱环节就变成了新的最弱的环节，这就是最弱环节的"飘移"。但是，在克服新的流程约束的过程中，企业实现了流程的改善。

TOC 通过五大核心步骤来实现流程的持续改善：

步骤一，找出系统中存在的约束。

步骤二，最大限度地利用瓶颈。

步骤三，使公司的其他流程也按照步骤二去执行。

步骤四，打破瓶颈。

步骤五，返回步骤一持续改善提高。

TOC 思想则要求企业内部各个流程环节间物流相互平衡。物流平衡要求各个作业都与瓶颈作业同步，节拍一致，从而达到生产效率最高、中间各环节零部件和在制品最少的目的。

整体流程"约束"决定系统的流程能力

约束流程限制着系统的产出能力，然而非约束流程环节的完全利用反而会增加库存和运营费用。从图 5—6 可以看出，a、b、c 和 d 中非约束流程环节的利用程度是由约束流程决定的。

工序n　　　在制品工序n+1　　　　　工序n　　　在制品工序n+1

| 约束 | → | 非约束 | | 非约束 | → | 约束 |

a　　　　　　　　　　　　　　b

| 约束工序 | | 非约束工序 | | 约束 | | 非约束 |

零配件1　零配件2

装配中心　　　　　　　　　　市场

c　　　　　　　　　　　　　　d

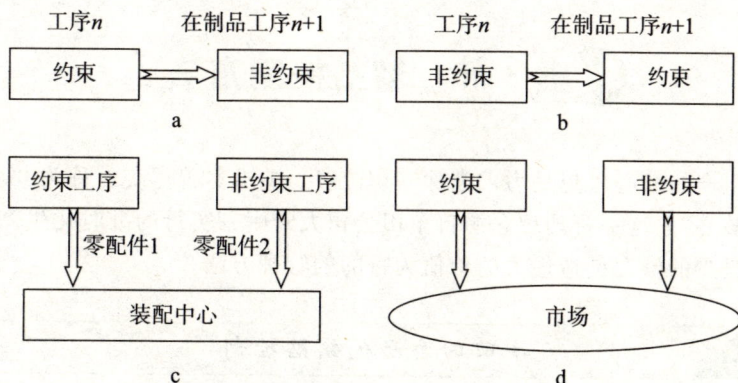

图 5—6　约束资源与非约束资源的关系

图 5—6 中约束流程与系统产出能力的关系如下：

关系 a：约束流程是前序工序，把自己加工过的工件传送给非约束流程加工，约束流程显然制约着非约束流程的效率。

关系 b：尽管非约束流程为前序工序，流程能力的利用率可达 100％，但后续工序对整个系统的生产率起决定作用。非约束流程能力的完全利用只会导致在制品的积压。

关系 c：约束流程与非约束流程的后续工序均为装配，而装配时各零配件的数量多少是对应成比例的，故约束流程的生产能力也必然会受到限制，多余的流程能力还会导致半成品库存和管理成本的增加。

关系 d：约束流程能力的大小将不会对非约束流程能力产生任何影响，但市场需求量会对非约束流程产生直接影响。

"约束"上的时间损失起决定作用

约束流程能力的大小决定了整个系统的有效产出，在约束流程上耽误的时间是无法通过其他生产能力来补充的。为此，管理者必须对约束流程采取特别的确保其正常运行的措施，以确保生产的持续进行。可以采取的措施主要包括以下几个方面：

①减少准备时间间隔和调整次数，增加约束流程上的批量；

②实行换班连续工作制，减少因状态调整导致的时间浪费；

③在约束流程前设立质量检查点，确保百分之百的合格品流入约束流程。

④设立缓冲小库存，尽量使非约束流程连续工作。

第3节 精益控制方法

精益生产的核心思想是力求消除一切浪费，追求尽善尽美，称为"世界级制造技术的核心"。这一管理理念源自丰田公司大野耐一实行的准时化生产的概念，是以利用最少的资源创造最大的价值为目的的管理方法。

案例1   **丰 田 的 自 动 化 缺 陷 控 制**

丰田公司的自动化，即"自动化缺陷控制"，是通过三个主要的技术手段来实现的，这就是异常情况的自动化检测、异常情况下的自动化停机、异常情况下的自动化报警。

（1）异常情况的自动化检测。

异常情况的自动化检测技术和手段是丰田公司自动化的首要环节。因为检测装置（或仪器）就如同人的眼睛，它可以感知和发现被加工的零部件制品本身或制造过程是否有异常情况发生，并把所发现的异常情况的信息传递给接收装置，由后者发出各种动作指令。

例如，丰田公司在生产过程中广泛使用了限位开关和电眼等接触式检测装置和手段，它们被用来测知零部件或产品在形状和尺寸上与正常情况的差异，并且自动检查是否存在某种质量缺陷。为了有效地使用这两种接触式检验装置，丰田公司有时会特意将基本相同的零部件设计成不同尺寸和形状，以便检测装置自动识别和区分。

识别颜色的检测装置也属于接触式检测装置一类，但它对被检测物体的"接触"并不是靠限位开关或电眼，而是通过各种颜色的反射光线。

这些自动化检测技术与手段比那些凭人的感觉和判断的方法要优越得多。因为它不仅能保证产品质量，而且还解除了作业人员精心留意每个作业细节的烦恼，从而更有助于提高人的生产效率。

（2）异常情况下的自动化停机。

当上述检测装置发现异常情况时，它会立刻自动地发出指令，停止生产线或机器的运转。当然，生产线或机器自动停止运行后，现场的管理人员和维修技术人员就会马上到达出事地点，和作业人员一起，迅速查清故障原因，并采取改善措施。

应该指出的是，丰田公司的管理者特别强调两点，一是发现质量缺陷和异常情况必须立刻停止生产；二是必须立刻查清产生质量缺陷和异常情况的原因，并彻底纠正，使之不再发生。这样，只要有不合格制品或异常现象产生，它们就会立刻显露出来。而当问题显露出来时，生产线必须停止下来，从而使人们的注意力立刻集中到问题上，改善活动就会自动地开展起来。

（3）异常情况下的自动化报警。

丰田公司的自动化不仅要求自动发现异常和自动停止生产，而且还要求把异常的发生以"报警"的方式显示出来。

丰田公司生产现场中最常用的报警方法就是用灯光显示。这种方法既简便实用，又便于"目视管理"，即便于现场管理人员用眼睛了解和掌握现场的生产状况。

例如，丰田公司在生产现场每条装配线上和每条机加工生产线上都安装了包括呼叫灯和指示灯在内的"灯光显示牌"。呼叫灯是在异常情况发生时，作业人员呼叫现场管理人员和维修技术人员而使用的。通常，呼叫灯配有不同的颜色，不同的颜色表示不同的求助。指示灯是用来指示出现异常和发生呼叫的工位。前面说过，丰田公司生产现场的每个工位都设置了"生产线停止开关"。每当出现异常情况时，作业人员就可以按动开关，使生产线停止运行。与此同时，灯光显示牌上的红色指示灯就被点亮，明确地指示出使生产线停止运行的工位。指示灯的另一个作用是，当呼叫灯点亮时，指示灯也被点亮，明确地显示发出求助呼叫的工位，每当生产线停止运行，或有求助呼叫时，现场的管理人员和维修人员就会在信号的引导下，奔往出事地点。

通常，丰田公司把这类显示牌悬吊在生产现场最醒目的位置上，以便现场管理人员和技术人员能够容易地看到它们。此外，在许多情况下，丰田公司在灯光显示牌上使用不同颜色的灯光，以表示不同的情况。这样的灯光显示牌会使生产现场的情况一目了然，使现场的每一位人员都能够对生产现场的情况心中有数。

理念 1　异常发生的警报

对于流程运作中发生的紧急异常，丰田公司创立了一种有效的管控方法——自动化缺陷控制，并将它称为"带有人字旁的自动化"，或"具有人类判断力的自动化"。"自动化"是丰田准时化生产体系质量保证的重要手段。为了完善地实现准时化生产，生产过程中依次流往后工序的零部件必须是百分之百合格的制品。因此，零部件制品的质量检测和控制是极为重要的。丰田公司认为，统计抽样是不合适的，应该摒弃任何可以接受的质量缺陷水平的观念，实行"自我全数检验"。

丰田公司的"自我全数检验"是建立于生产过程中的"自动化报警机制"，即自动化缺陷控制基础之上的。

日语中的jidoka（自动化）有两种含义，同时也用两种不同的汉字书写。其一就是普通的"自动化"的意思，表示用机器来代替人工。在这种自动化之下，人们只需按动电钮，机器就会自动地运转起来，完成预定的工作。但是，这样的自动工作机器没有发现加工质量缺陷的能力，也不会在出现加工质量缺陷时停止工作。因此，这种自动化会在机器出现错误时，自动地生产出大量的不合格制品。显然，这种自动化是不能令人满意的。

丰田公司强调的是jidoka的另一个含义，即"自动化缺陷"。

丰田公司的自动化自然包括"用机器代替人工"的技术，但它更主要是一种发现并且纠正产生异常的技术。更确切地说，丰田的自动化是一种发现异常和发现质量缺陷的技术手段，是一种当异常或质量缺陷发生时，能使生产线或者机器自动停止工作的技术装置。

丰田公司的自动化与质量管理有着直接的关系。因为生产过程中一旦出现不合格制品，生产线或者机器就会立刻自动地停下来，这就迫使现场作业人员和管理人员不得不迅速查找故障原因，并及时采取改善措施，以便防止同样问题再度发生。

丰田公司的自动化与制止过量生产也有着密切的联系。因为当所需要数量的零部件加工完毕后，机器会自动停止工作，而且所生产出来的零部件都是合格品，从而制止了过量生产，消除了在制品库存，增强了生产系统适应市场变化的柔性。

由于采用了自动停机装置，每当出现异常情况时，机器就会自动地停下来，这样，作业人员几乎没有必要盯住某一台机器。结果，人力操作与机器操作自然分离，为"一人多机"方式提供了方便。实际上，丰田公司的自动化在促使标准作业顺序的细化过程中，也扮演着重要的角色。

产品质量曾是丰田汽车的生存之本，也正是这样的原因，丰田汽车才顺利进入了美国、欧洲等市场。从20世纪80年代开始，麻省理工学院国际汽车项目展开对丰田汽车等的研究，并总结出了精益思想等世界范围内认知的研究成果，一时间丰田成为制造业的标尺，世界汽车业也很快进入了丰田时代，并延续至今。但现在这家备受尊崇的汽车制造商却受到了前所未有的挑战。有"美国消费者运动之父"称号的拉尔夫·奈德说："丰田最大的声誉在其质量控制……现在，没有人知道事情还会怎样糟糕。"

辅助阅读

丰田生产线上的安灯系统

在丰田的生产线上，有一个特有的装置——安灯绳，当某位员工负责的工作出现错误或异常情况，他就拉动这根绳索，于是整条生产线停止下来。圣·安吉洛曾经有过这样的经历：当他拉动绳索时，所有人都在注视他，接下来，大家都跑来帮助他，于是问题很快便得到了解决。

安灯系统是丰田公司在设备中安装一旦发现异常就使设备强迫运转的装置；在人员设置方面，授权作业人员一旦发现异常，就要及时按下按钮或者拉动绳索（被丰田公司称为"安灯绳"），使得整条组装线被强迫停止工作。"安灯绳"被拉动后，所有员工一旦发现异常指示，就全体进入异常排除阶段。

安灯系统能够使品质管理简单化，并使全体成员参与其中它针对的是短循环且重复的工作、需要立即协助的工作及品质问题。特别是在时间紧且目标不能妥协的情况下，在必须停下来的时候，管理者要重新思考计划目标与方向。安灯不是一项时髦的技术，通过简单设置的灯光让全员知道，为了整个生产的顺利进行，必须使问题浮现出来并快速解决。

简而言之，这就是生产管控的工具，越简单越好。

在"踏板门"事件曝光后，丰田章男亲自拉下"安灯绳"，中止了 8 款汽车的生产。与此同时，也就是在 1 月 31 日，丰田汽车在美国多家主流报纸上刊登含有"暂停"标识的整版广告，宣布其在北美的五家汽车制造厂停产一周。

尽管丰田汽车表现出了极大的诚意，但当卡罗拉又面临召回时，外界发出了这样的质疑："安灯绳"是否已成了摆设？这根灯绳是否早在几年前就该拉下？

案例 2　崇光百货的目标考核

在日本百货业界，崇光百货（Sogo）是一家规模较大的百货公司。1830 年，十合伊兵卫在大阪坐摩神社附近创办"大和屋"二手衣服店。后来，在由日本兴业银行出身的水岛广雄的领导下，该公司以旧称"十合"积极展开宣传。而随着"Double 十合"（全国二十间分店）、"Triple 十合"（全国三十间分店）等口号传播开来，该百货公司在日本的知名度逐步扩大。

在推进企业快速成长的过程中，该公司非常关注目标管理，并以此确保公司按照目标前进。

比如，对职能部门的绩效考核，该公司统称为"方针目标管理"——上至董事长、下至人力资源部的普通员工，都会有一个非常详细的"方针目标"计划、目标值、实施状况及总结。随后，公司会在此基础上，制定详细的目标值，分配到各个相关员工。

具体而言，崇光百货对职能部门考核的总体方向是自上而下的目标分解，即使是定性的指标，也要求尽可能实现量化。而上述制定的规范和要求包括控制后勤工作人员人数的增长、推进节能活动、清理报废品滞留品，在不影响物品申领和使用的前提下，追求最低库存、重新评估和选定新的供应商等。

事实上，这些指标落实到员工个人后，后勤部门要求对每个员工的目标均以数据来表示，如库存削减，必须达到在某月份之前削减百分之多少的目标；完善人才培训体系也要具体到在哪个月份之前做哪些具体工作，预计将会达成什么样的效果等。

而在每个考核周期里，员工都需要将自己的目标与实际业绩以图表的形式显示出来，并详细解释自己为了完成这个目标采取了哪些措施、达成了什么样的效果，同时还要总结原因。

然而，分解考核指标虽然颇费周折，但最难的还在于执行。

以完善人才评价体系、培训体系和升职评价手段为例，管理部虽然下达了指标及详细的实施手段，在最后考核时负责人会解释采取了哪些措施进行了改善，但对于这些措施都取得了什么样的效果，员工评价如何，是否达成了当初制定目标的预期目的，这些环节却往往极易被人们忽视。

在崇光百货公司，总经理每个月要组织召开"方针目标管理会议"，各部门经理则总结自己的目标完成情况进行汇报，这种会议在崇光百货叫作"方针目标管理发表会"。每半年还要做一次汇总、开一次发表会，年终时则汇总年初制定的方针目标的达成情况。

以管理部为例，该部门要根据既定的方针目标来提交数据，其中包括管理部某一月份的目标是考虑后勤事务的外包、采购成本的降低等，而在考核周期结束后，则需要汇报库存量削减了百分之多少，是否达成零库存，后勤事务外包带来的成本对比是什么样的，等等。同时，还要阐述清楚下一阶段的方针目标是什么，也要求用数据形式详细说明。

每个考核周期，员工都需要将自己的目标与实际业绩以图表的形式显示出来，并详细解释自己为了完成这个目标采取了哪些措施、达成了什么样的效果，同时还要总结原因。这种让员工充分参与的执行，也在一定程度上推动了考核的成功。

通过这种自上而下的目标分解与执行，崇光百货公司的精益目标能够更好地被落实下去，并保证圆满完成。

没有目标是精益管理的最大禁忌，而明确目标则是精益管理的一大法宝。目

标越明确、注意力越集中，人们就越容易在行为选择上作出更明智的决定。崇光百货公司非常关注如何让目标得以贯彻落实，这一点使得崇光百货在精益活动的推行非常顺畅，也更容易达成目标。

崇光百货是深深知悉这一点的。所以，我们在其实践中看到，崇光百货按照自上而下的方式进行目标分解，然后再将分解细分到个人。如此一来，企业上下都非常明确自己的目标任务——知道自己应该做什么、不应该做什么，从而明确其行为的方向，保证其在"做正确的事"。

理念 2　平衡计分卡

像崇光百货便采取了两大方式来推进平衡计分卡制度。一是通过召开会议，进行工作总结、汇报、安排，使得人们认识到企业对工作目标达成情况的重视度；二是根据细化绩效指标，将绩效指标纳入工作评估、考核和奖惩程序中，始终坚持以绩效目标为导向，共同努力。

这样一来，所有人在努力时都会是以最终目标为出发点，想方设法少做"无用功"，竭尽所能、又快又好地完成工作目标。在精益管理中，这种做法可以称得上是最为经济省力的做法（见图5—7）。

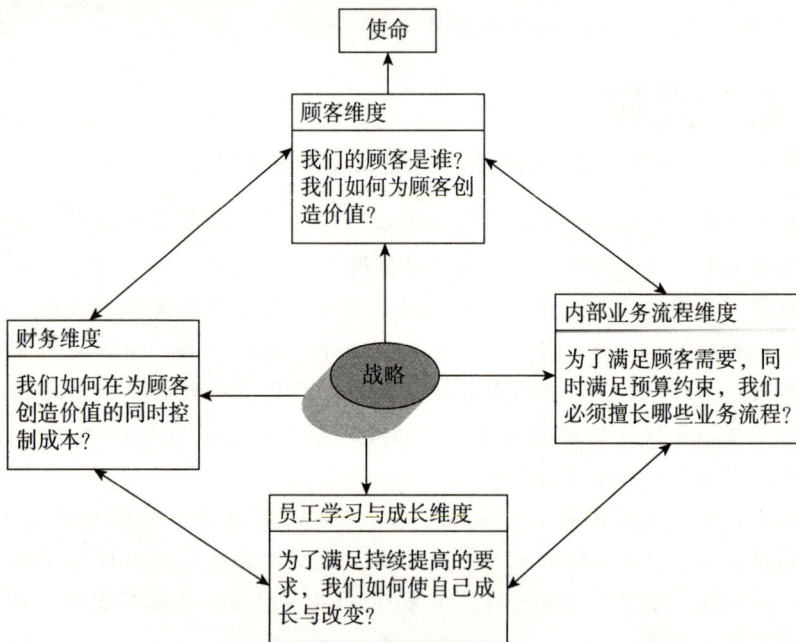

图 5—7　企业的平衡计分卡制度

平衡计分卡的创立者罗伯特和诺顿认为："不能衡量，就不能管理。"任何一个目标都应有可衡量的标准，越是可衡量，目标就越明确，越能给我们的行为更多的指导和建议。

平衡计分卡（BSC）是战略绩效管理的有力工具。它把对企业业绩的评价划分为四个部分：财务方面、客户、经营过程、学习与成长。其核心思想是：以财务为核心的思想，从而实现了绩效评价与财务目标的结合。

例如，我们要建一栋房子，先要在心里有个底：房子总面积多少？几层楼？几间卧室？卧室和客厅多大空间合适？有了这些数字精确的衡量标准，人们才能顺利地建好房子。

在推行精益活动的过程中更要如此。崇光百货在实践中非常关注如何对人们的工作任务进行指标细分。仔细研究崇光百货的目标可以发现，其目标细分时考虑了三个关键的量化指标——时量、数量和质量。其中，时量是指完成工作的时间量，数量是指完成工作的数量，质量是指完成工作的程度和标准。以库存削减指标为例，其要求必须达到"在某月份之前削减百分之多少"的目标。这样一来，人们便会非常明确自己应该达成什么样的效果。

简言之，一定的压力可以促进绩效目标的达成。通常情况下，企业会通过一些公开组织活动或绩效考核的方式来制造压力效应。当员工心里产生危机感时，会自觉提升个人能力，以确保工作业绩达标，不被企业所淘汰。

辅助阅读

数据单位的统一化管理

秦刚是某公司的采购员。一天，他在审阅当月采购报单时发现，各部门的申报物品单位应有尽有，有的部门习惯用"斤"，有的部门习惯用"千克"，还有的部门习惯用"磅"作单位……供应商的量度单位也是各个有别。采购部每次采购之前，不得不对所有的采购数据单位加以换算，虽然是小事，却也很麻烦。对此，仓库工作人员也抱怨颇多，登记库存时的单位总是让人很头痛。当然，各部门之间也存在这个问题：每次针对个别数据进行沟通时，总是不得不留意数据单位。

后来，秦刚向采购主管反映了此事，并提出了数据单位统一化的建议。这个建议得到了采购主管的认可。接下来，秦刚在企业范围内进行了统一化管理，比如将重量单位都统一为"千克"，而各部门的信息数据管理和沟通也因此少了很多麻烦。

可见，信息管理的统一化是流程信息化的一个重要方法。不过说到这里，

可能有人会疑惑了：刚说了要多态化，这回又说了统一化，这不是矛盾吗？

其实，实现信息管理的多态化与统一化并不矛盾，我们完全可以将多态化与统一化实现完美结合，而这个结合点就是如何让企业上下皆能及时了解流程运作信息。

案例 3　　　　　　主动反馈工作进度

要提高工作效率，在精准执行的同时，我们还需要做好一项工作：反馈。

如果你接到一项任务，比如领导有个事情交代给你办，你是要等到领导问你进展情况时你才回答呢，还是做好以后主动反馈？在这里，我们提倡的是后者，即主动反馈工作进度。

一位员工在日本航空公司工作。有一次，有三位东京的本部长要到一个小岛屿去度假，那个岛很小，上面只有两个大饭店。但是，这三个本部长却要三间连在一起的套房，并且房间要面对太平洋。

这位员工马上打电话去问，得知一间空房都没有，他便马上给东京发电报（那时电话还不畅通）：一间都没有，但我会努力去找。东京方面不久作出了回答：了解。

这位员工就继续寻找，一天后，找到了两个房间，但却不在一个饭店。于是，他马上向东京方面汇报：现在找到两间，但不在同一个饭店，我会继续寻找。东京方面依然回复"了解"。

第二天，这位员工终于找到了有三个空房间的饭店，但是却不在一起。他同样把情况告诉了东京方面，得到的依然是"了解"两个字。

之后，他就亲自坐小飞机飞到小岛。一早到达后，他问服务员："我订的×××号房间住的是谁？"

"是一对来度假的年轻夫妇，今天下午就要入住。"服务员回答。

然后，他就坐在饭店的大堂里等着。下午两点，那对年轻的夫妇到了，他就走到这对夫妇面前，对他们说："我是日本航空的职员，我很喜欢您的房间，您能否让给我？如果你们愿意，可以免费入住隔壁的套间。这个套间面对太平洋，可以看到夕阳、波涛，远处有千帆点点。"

这对夫妇疑惑地问道："真有这回事？"

这位员工回答："是的，请你们跟我来。"说完，他就带着这对夫妇去参观隔壁房间。可以免费入住这么好的房间，他们当然同意让出自己预定的房间。

之后，这位员工迅速给东京回电报："三间套房全部找到，在××饭店，三楼，连在一起，面对太平洋。"

东京方面回了另外两个字"谢谢"。

这件事结束不久，这位员工就得到了一次晋升的机会。

整个过程中，这位员工一直主动汇报工作进展情况。就是凭着这一点，他的工作能力和工作态度得到了上司的肯定。这是因为，大多数人都有控制欲望。但对于交代给别人的事情，由于脱离了自己的控制，多多少少会感觉不放心。如果我们能主动考虑人们的这种情感，主动汇报事情进度，我们就更容易取得他人的信任和支持。

在工作过程中，我们应该养成主动汇报的习惯。这样既便于管理者纠错或下达新命令，也便于执行者寻求更多的支持和帮助，而且还可以赢得管理者的信任。所以，主动汇报才是明智的工作方式。

理念 3　　　　　　　　　　　流程反馈

要想对流程结果进行预测，就必须有大量的数据反馈，并进行频繁的处理。通过对每一种产品的时间序列进行考核，得出相应的预测值。为确保预测的准确度，就需要从流程的各个节点来提取信息，并予以汇总。

多节点的信息收集

信息收集是进行预测的前提。由于流程运作往往涉及大量的部门、工序和很多细节，因此在收集相关信息资料时，也应采取多环节、多方向的策略。

（1）多环节的资料收集。

在企业中，无论是跨部门的业务流程，还是某条作业线上的工序流程，都设计了很多环节，因而，为流程结果预测而进行信息提取时，也可以针对这些环节来进行。我们来看某产品开发流程中可提取的相关信息，如图5—8所示。

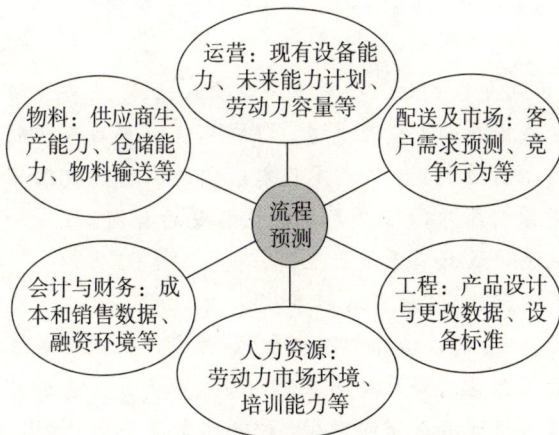

图5—8　某产品开发流程可提取的信息相关图

　　由于每个部门在该流程中所处的环节各有不同，因而，每个部门都可以作为一个环节来进行信息提取。例如，对企业某流程中的现有设备能力进行预测，就需要对该流程各个设备的产出量、劳动力数量以及设备的故障率等信息进行提取。其中，各个环节数据收集要细致，建立多个分点的细节信息收集，表 5—1 就列出了生产流程中的现有设备能力流程预测工序级信息层的信息提取表。

表 5—1　　　　　　　　　　现有设备能力流程预测中的工序信息提取表

设备号	全力运行的产出量	劳动力需求	实际劳动力配给	故障率	日常平均在用率	预测设备能力范围
001	58	4	3	1％	80％	33～42
002	46	4	2	3％	30％	7～23
003	50	4	3	3％	65％	23～37
总计						

　　（2）多方向的资料收集。

　　流程信息的提取不仅可以从流程运作上采取纵向提取，还可以从数据来源方向上进行横向提取。例如，对某产品开发流程进行预测，单说销售市场这一环节，除了可以以销售各个分区分点形式进行资料收集外，还可以从以下方向上进行资料收集：

　　①本企业的相关部门资料收集。

　　②有关结构的统计资料。

　　③国内外各种相关的技术经济资料和情报。

　　④各研究机构、学术团体等提供的资料。

　　⑤本企业的历史信息与竞争对手的相关信息。

　　⑥非正式途径获取的资料和情报。

　　⑦根据预测对象需要，运用市场调查方法所取得的现实资料等。

反馈系统中的计算机应用

　　流程反馈的信息提取往往会细致到多个具体的环节中，如果能够使用计算机来提取各个节点的信息，并保证及时地共享和更新，那么会极大地保证反馈的高准确率。大多数企业会使用企业资源计划系统（ERP）来进行信息提取。

　　ERP 是在企业大范围内应用的高度集成的系统，它将每个各业务系统数据高度共享，所有源数据只需在某一个系统中输入一次，保证了数据的一致性。某生产企业使用 ERP 信息管理系统的业务流程（部分）如图 5—9 所示。

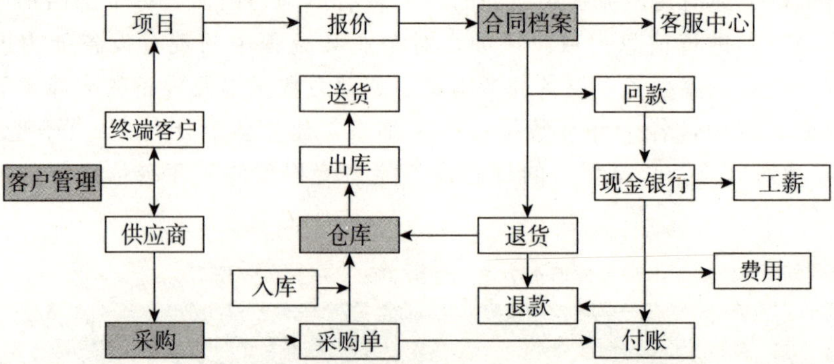

图 5—9　某生产企业 ERP 软件业务流程示意

其中，各个模块会自动生成数据库，并通过企业联网的形式，实现信息共享，然后在各个模块中输出不同的数据总明细清单。以供应商模块、采购模块和仓库模块为例，我们可以看到其输出的数据清单情况。

①供应商管理模块，主要输出供应商供货价格分析、供货排行、各供货商的供应材料明细等信息。

②在采购模块，主要输出采购单管理、采购金额走势、历史采购明细、采购数据汇总等信息。

③仓库模块，主要输出库存汇总统计、库存明细统计、库存成本分析、库存预警等信息。

此外，财务模块、主生产计划模块等其他模块，也会输出企业各流程管理中的信息，便于及时全面地进行数据和信息的共享、提取以及汇总。

贯彻流程执行力

所谓流程执行力，指的是对于流程任务的贯彻意图，完成预定生产目标的操作能力，是把企业战略规划通过流程运作转化成为效益、成果的关键。流程执行力包含员工完成任务的意愿、完成任务的能力以及任务的完成程度。

执行力的贯彻需要一个良好的环境，企业只有首先做好流程执行力意识的宣传与普及，才能更好地贯彻执行力。

从管理的角度讲，执行的过程就是沟通和协调的过程。为了更好地促进员工在流程作业中的执行力，管理者必须做好以下几点：

（1）良好的沟通。

要想有良好的沟通，首先要有明确的流程要求。依照 SMART 原则制定流程目标，保证所有员工对于目标都有准确的理解。通过沟通，可以集思广益，可以在执行中分清流程的条条框框。

（2）协调利用内部资源。

整合利用企业的人力、物力、财力等资源，使流程的执行能达到事半功倍的效果。

（3）明确奖惩制度。

流程的控制与推进应该通过考核来实现。明确的奖惩制度会使流程执行力更加有效。具体的奖惩措施包括工资调整、奖金、评选优秀、轮岗、储备人才培养等，同时实行一定比率的淘汰制，以更好地贯彻流程执行力。

（4）反馈是保障。

流程执行的好坏要经过反馈得知。反馈得来的信息有利于我们改进、完善流程执行细则，使流程具有更好的可执行性。

贯彻流程执行力的实施步骤

流程执行力的贯彻实施主要包括逐层递进的三个方面：

第一，按照命令和规则进行操作。对组织来说这是最基本的一种执行：对规范和流程的尊重。只有如此才能让组织的基本行为协调一致，才能有基本的效率。

第二，按照预定计划进行产品的生产。把对于一件产品的生产流程看作一个整体。每一个员工都应明确本道工序在流程中的地位和作用。

第三，完善规划、落实执行。组织的进步就在于不断地改善，要结合企业各个层次对于计划所提出的意见和建议来修改、完善生产计划，严格按照计划落实生产。

这三个步骤的执行是逐步支撑的，第一步是第二步的前提，第二步是第三步的保障，只有到了第三步的执行，组织的效率才能够得到真正的提升。

生产流程的实施达不到预想效果，很多时候不是因为规划做得不好，而在于执行的保障体系不够好，也就是问题在第一、第二步。在这种情况下，管理者要对第一、第二步进行反思与改进。

不断强化流程执行力

将强制性的制度升华到文化层面，使员工普遍认可、接受，达到自觉按照制度要求规范其行为，完成他律到自律的转化，是贯彻流程执行力的最高境界。

强化流程执行力，在一定程度上就是强化流程管理中的标准化作业。所谓标准化作业，就是在作业系统调查分析的基础上，将现行作业方法的每一个操作程序和每一个动作进行分解，以科学技术、规章制度和实践经验为依据，以安全、效益、质量为目标，对作业过程进行改善，从而形成一种优化作业程序，逐步达到安全、省力、高效、准确的效果。

一个好的标准要满足以下六点要求：

①目的化：标准必须是面对目标的，即遵循标准总是能保持生产出相同品质的产品。因此，与目标无关的词语、内容请勿出现。

②明确化：质量要求和实施方法都应注明，比如"焊接厚度应是2微米"这一个质量要求，应该描述为："焊接工用施3.0A电流15分钟来获得2.0微米的厚度。"

③具体化：每个读标准的人必须都能以相同的方式解释。为了达到这目的，标准中应该多使用图表和数字。

④准确化：要避免模糊语言，如机床的铁屑筐边不能仅仅标注小心的符号，要说明要注意避免发生哪些事故，如防止铁屑刺伤等。

⑤可操作：标准必须是可以实现的，例如某机床的精度只能达到$10\mu m$。不能将标准定得高于这一精度。

⑥柔性：标准在需要时必须修订。在优秀的企业，工作是按标准进行的，因此标准必须是最新的，是当时正确的操作情况的反映。永远不会有绝对准确的标准。

为了达到以规定的成本、规定的工时生产出符合要求的产品的目的，必须对作业流程、作业方法、作业条件予以规定并严格贯彻执行，使之标准化，这也是提升流程执行能力的关键手段。

企业通过对员工流程执行力意识的引导，提升信息反馈的可靠性与准确性，构建一个互信关心、爱岗敬业、尊重信任的企业氛围。同时借以来提高广大员工反馈意识，强化流程执行的速度与力度。

第6章

精益改善与流程文化

精益思想改变了企业的流程管理模式，并且在不断突破与重建新标准的过程中，为企业的流程管理构建了重视价值、杜绝浪费的流程文化。

第1节　精益流程的改善

从福特汽车的大批量流水线到丰田时代小批量、多品种的精益化生产流程，这中间企业的流程管理经历近一个世纪的发展，终于形成了以客户价值为导向的新型流程。

可是，在精益流程逐步推广开来的时候，我们的管理者是否也对新的流程管理模式感到满足了呢？

案例1　　　　　　　　　精益化的循环改善

松下电器质量控制中心总监伊藤让，在解释质量控制小组缘何能不断地取得越来越好的成绩时这样说道：

我曾参与过一项有趣的质量控制活动，那是关于电视机厂焊接工人的故事。一般来说，工人要在每个加工件上焊接 10 个点，每天焊接 400 件，这样，一天共焊接 4 000 个点。如果他一个月工作 20 天，那就是每月完成 80 000 个焊点。一台电视机大约有 1 000 个焊点。当然，今天的大多数焊接工作都是自动完成的，工人要维持非常低的残次率，每 500 000～1 000 000 个焊接点中发生的错误不多于 1 个。参观电视机厂的人们常常十分惊讶地发现工人在做这么单调的工作时，能够不犯任何错误。让我们想想人类所做的其他的枯燥事情吧，比如说走路。我们实际上一生都在走路，一遍遍重复相同的动作。这是极端单调的动作，但却有人（如奥运选手）专注于比其他人走得都快，这与我们在工厂实施改善具有相似之处。

有些工作可能非常单调，但如果我们能赋予工作一种使命感，朝着目标去做，就可以在一项单调的工作中保持兴趣。

丰田公司能够变成现在这般知名的精益流程标杆型企业，花费了一个世纪的时间。丰田公司有一项重要原则：通过不断反省与持续改进，变成一个学习型组织。因此，丰田走的是一条长期的、持续的改进道路。这也说明，精益改善的道路漫长而崎岖，企业必须不断突破自我、不断改善。

丰田生产方式融入了 PDCA（计划——执行——检查——行动）的改善循环。丰田利用这一工具辅助创造"一个流"的过程如图 6—1 所示。

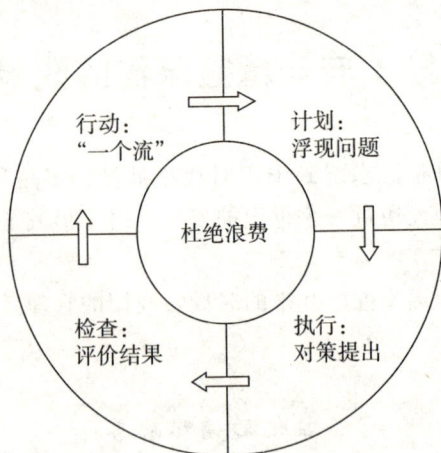

图 6—1　丰田的"一个流"与 PDCA

　　在这个改善过程中，PDCA 循环是发现浪费、消除浪费、完善"一个流"的有力武器。

　　事实上，丰田的 PDCA 应用到很多流程中。在丰田技术中心，每位员工每年都会参加三次会议以检查各种方针目标的进展情况。PDCA 中的检查与行动是将计划目标转化为有效行动的重要环节。

理念 1　　　　　PDCA 戴明环

　　PDCA 循环又名戴明环，是美国质量管理专家休哈特博士首先提出的，由戴明采纳、宣传，获得普及，它是全面质量管理所应遵循的科学程序。

　　全面质量管理活动的全部过程就是质量计划的制订和组织实现的过程，这个过程就是按照 PDCA 循环不停顿地运转的。

　　PDCA 循环不仅在质量管理体系中运用，也适用于一切循序渐进的管理工作。如何使管理工作能够不断创新发展，最关键的是铺好轨道，理顺管理者与被管理者的思路、管理的过程，重在辅导及反馈，以达成共识，共同进步。

P 阶段

　　即根据顾客的要求和组织的方针，为提供结果建立必要的目标和过程。

　　步骤一：选择课题，分析现状，找出问题。

　　强调的是对现状的把握和发现问题的意识、能力，发现问题是解决问题的第一步，是分析问题的条件。

　　新产品设计开发所选择的课题范围是以满足市场需求为前提、以企业获利为目标的。同时也需要根据企业的资源、技术等能力来确定开发方向。

课题是本次研究活动的切入点，课题的选择很重要，如果不进行市场调研，论证课题的可行性，就可能带来决策上的失误，有可能在投入大量人力、物力后造成设计开发的失败。比如：一个企业如果对市场发展动态信息缺少灵敏性，可能花大力气开发的新产品，在另一个企业已经是普通产品，就会造成人力、物力、财力的浪费。选择一个合理的项目课题可以减少研发的失败率，降低新产品投资的风险。选择课题时可以使用调查表、排列图、水平对比等方法，使头脑风暴能够结构化呈现较直观的信息，从而做出合理决策。

步骤二：设定目标，分析产生问题的原因。

找准问题后分析产生问题的原因至关重要，运用头脑风暴法等多种集思广益的科学方法，把导致问题产生的所有原因统统找出来。

明确了研究活动的主题后，需要设定一个活动目标，也就是规定活动所要做到的内容和达到的标准。目标可以是定性＋定量化的，能够用数量来表示的指标要尽可能量化，不能用数量表示的指标也要明确。目标是用来衡量实验效果的指标，所以设定应该有依据，要通过充分的现状调查和比较来获得。例如：一种新药的开发必须掌握了解政府部门所制定的新药审批政策和标准。制订目标时可以使用关联图、因果图来系统化地揭示各种可能之间的联系，同时使用甘特图来制订计划时间表，从而可以确定研究进度并进行有效的控制。

步骤三：提出各种方案并确定最佳方案，区分主因和次因是最有效解决问题的关键。

创新并非单纯指发明创造的创新产品，还可以包括产品革新、产品改进和产品仿制等。其过程就是设立假说，然后去验证假说，目的是从影响产品特性的一些因素中去寻找出好的原料搭配、好的工艺参数搭配和工艺路线。然而现实条件中不可能把所有想到的实验方案都付诸实施，所以提出各种方案后优选并确定出最佳的方案是较有效率的方法。

筛选出所需要的最佳方案，统计质量工具能够发挥较好的作用。正交试验设计法、矩阵图都是进行多方案设计中效率高、效果好的工具方法。

步骤四：制定对策、制订计划。

有了好的方案，其中的细节也不能忽视，计划的内容如何完成好，需要将方案步骤具体化，逐一制定对策，明确回答出方案中的"5W1H"，即：为什么制定该措施（Why）？达到什么目标（What）？在何处执行（Where）？由谁负责完成（Who）？什么时间完成（When）？如何完成（How）？使用过程决策程序图或流程图，方案的具体实施步骤将会得到分解。

D 阶段

即按照预定的计划、标准，根据已知的内外部信息，设计出具体的行动方法、方案，进行布局；再根据设计方案和布局，进行具体操作，努力实现预期目标的过程。

步骤五：设计出具体的行动方法、方案，进行布局，采取有效的行动。

产品的质量、能耗等是设计出来的，通过对组织内外部信息的利用和处理，作出设计和决策，是当代组织最重要的核心能力。设计和决策水平决定了组织执行力。

对策制定完成后就进入了实验、验证阶段，也就是做的阶段。在这一阶段除了按计划和方案实施外，还必须对过程进行测量，确保工作能够按计划进度实施。同时建立起数据采集、收集过程的原始记录和数据等项目文档。

C 阶段

即检查效果阶段，也就是确认实施方案是否达到了目标。

步骤六：效果检查，检查验证、评估效果。

"下属只做你检查的工作，不做你希望的工作。"IBM 的前 CEO 郭士纳的这句话将检查验证、评估效果的重要性一语道破。

方案是否有效、目标是否完成，需要进行效果检查后才能得出结论。将采取的对策进行确认后，对采集到的证据进行总结分析，把完成情况同目标值进行比较，看是否达到了预定的目标。如果没有出现预期的结果，应该确认是否严格按照计划实施对策，如果是，就意味着对策失败，就要重新进行最佳方案的确定。

A 阶段

即处置阶段。

步骤七：标准化，固定成绩。

标准化是维持企业治理现状不下滑，积累、沉淀经验的最好方法，也是企业治理水平不断提升的基础。可以这样说，标准化是企业治理系统的动力，没有标准化，企业就不会进步，甚至下滑。

对已被证明的有成效的措施，要进行标准化，制定成工作标准，以便以后的执行和推广。

步骤八：问题总结，处理遗留问题。

所有问题不可能在一个 PDCA 循环中全部解决，遗留的问题会自动转进下一个 PDCA 循环，如此周而复始，螺旋上升。

案例 2　　　　　　　　　**持续挑战新的高度**

自 1872 年创立至今，资生堂的产品已经发展到护肤、口红、指甲油、化妆用具、防晒用品、美容食品、馈赠品、医药品等 12 大系列，产品多达 1 950 种（仅护肤产品就有 639 种），年销售额高达 7 000 亿日元。而无论市场经济状态如何，资生堂都始终保持着增长速度，占据着日本化妆品市场老大的位置。

当然，资生堂的销售并不仅仅局限于日本。自 1957 年，资生堂的销售网络开始向国外拓展——新加坡、中国台湾和中国香港地区、夏威夷等地皆有其销售点。1965 年，资生堂终于实现了在纽约开店的愿望，开始与美国的化妆品公司直接对决。但由于受资金、技术、人才等各方面的限制，其事业发展并不顺利，特别是石油危机后，其美国事业更是濒临破产。

但是，1978 年以后，资生堂决定重整旗鼓。他们摒弃了以往那种"从日本出口然后现地销售"的做法，而是先细致调查各国的市场动态、消费者的身体情况、生活习惯等信息，然后有的放矢地研制适于该国消费者的产品。而其品牌也不再拘泥于"shiseido"这一名称，因为在英语圈国家，人们不能像日语那样发音，往往念成了"she say do"。经过各方面调整和改进，资生堂在海外的销售额开始以每年 20% 的速度快速增长。三年后，资生堂竟然达到了 150 亿日元的销售规模，这一发展速度在业内一直让人称道。

20 世纪 90 年代后，资生堂开始入驻中国市场。当时，资生堂的方针是只谋求 1% 的市场。所谓 1% 的市场，听起来似乎不多。但是，当时中国市场环境属于"不爱红装爱武装"，很多人对化妆品不屑一顾。故而，1% 称得上是一个高不可攀的数字。

但是，资生堂高层领导已经在国际化经营上积累了丰富的经验。他们认为，任何一个国家，只要对外开放，其市场就会出现变化，自然会有资生堂的生存空间。于是，资生堂在进入中国市场以后，坚持采取步步为营的发展策略，以"安全、放心、高质量"为武器，力争使每一位顾客都成为资生堂的回头客和免费宣传员。

随着中国对外开放速度和力度的不断加大，中国的化妆品消费者日益增多。于是资生堂适时地将 1% 的目标提高到了 3%，以后又提高到 5%，现在则为 7%。

可以说，资生堂的发展状态是持续向上的。而为了达成上述国际化运营与销售目标，资生堂内部必须不间断地进行自我挑战。比如，技术上的创新。

为了辅助技术创新，资生堂于 1939 年在日本横滨设立化学研究所，专门从事皮肤生理和化妆品的研究。随着事业的扩大，资生堂又增设了美容科学研究所、医药研究所等。现在，资生堂在国内外拥有的研究机构多达 12 个，其中包括与美国哈佛大学医学院以及麻省综合医院共同设立的皮肤科学综合研究所、设在法国的资生堂欧洲研发中心，以及在北京建设的资生堂（中国）研究开发中心。

可以说，世界上任何一家化妆品公司的研发部门都很难与资生堂相匹敌。而如此庞大而强势的研发队伍的存在，也恰恰是资生堂产品质量始终处于行业最高水准的有效保障。

当然，高水准的要求使得资生堂的市场价格定位较普通化妆品的价格要高出不少，消费人群也相对有限。但是，由于资生堂的产品定位群体是高消费群，因而消费人群的数量虽少，但由于产品研发定位精准，产品上市后销售速度较快，因而并未影响资生堂的利润额。

事实上，资生堂的这种研发、定价模式也曾一度不为部分内部管理者所认可，但利润额却有力地证明了这种管理模式的适宜性。由此，高标准、严要求便成了资生堂世代延续的一种企业文化，时至今日，仍然被人们所称道。

在日本业界有一种说法："企业寿命30年。"就是说，很多企业的寿命只能维持一代人；到了第二代，企业就垮了，由此总结出这条经验法则。但是，资生堂至今已经141岁，但并未显现出老态龙钟的迹象。从上面的案例中，我们总结出以下几点结论：

即便是自我挑战，也需要具有针对性

对于企业的自我挑战，往往是面向市场、面向消费者的。也就是说，市场、消费者需要什么，企业就该朝什么方向进行挑战。

因此，企业经营者必须做好消费者市场调查工作——必须清楚地了解市场对某种产品或服务项目的长期需求态势，了解该产品和服务项目是逐渐被人们认同和接受，处于需求前景广阔的状态，还是因逐渐被顾客淘汰而处于需求萎缩的状态。这样，企业才能有的放矢地设计、提升产品或服务质量，这样的产品或服务才是市场、消费者需要的，由此付出的人力、物力资源才不会被白白浪费。

坚持自我挑战，保持积极向上的状态

虽然自我挑战的过程看起来异常艰难，但是只要企业上下坚信能够达成自我挑战的目标，便有了成功的可能性。否则，连这一点可能性也会丧失殆尽。在自我挑战时，必然成功的信念是起到决定性作用的影响因素。

当然，在这种坚定不移的信念下，企业上下也需要为自我挑战而全力以赴。顾虑自我挑战过程的艰难（可能受到诸多障碍），怀疑企业的能力，只会望而却步、半途而废；唯有目标坚定，竭尽所能，全力以赴地推动自我挑战活动的顺利进行，最终才能收获管理硕果。

螺旋上升的改善通道

精益思想的实现方式是持续改善,从而构成一个螺旋上升的提升通道。在前面我们了解了 PDCA 环的具体内容与操作步骤,对于方案效果不显著的或者实施过程中出现的问题进行总结,为开展新一轮的 PDCA 循环提供依据。例如:设计一个新型红外滤光膜,完成一轮循环后,进行效果检查时发现其中一项的光学性能指标未达到标准要求,总结经验后进入第二轮 PDCA 循环,按计划重新实施后达到了目标值。

处理阶段是 PDCA 循环的关键。因为处理阶段就是解决存在的问题、总结经验和吸取教训的阶段。该阶段的重点又在于修订标准,包括技术标准和管理制度。没有标准化和制度化,就不可能使 PDCA 循环转动向前。

PDCA 循环可以使我们的思想方法和工作步骤更加条理化、系统化、图像化和科学化(见图 6—2)。

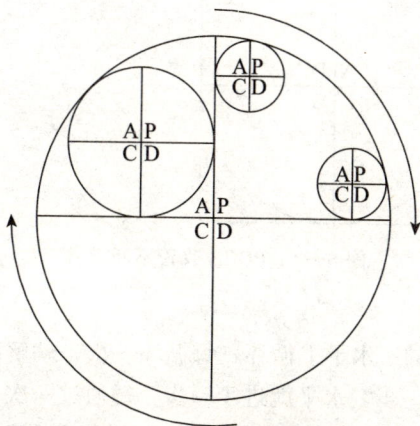

图 6—2　PDCA 持续循环

PDCA 循环

具有如下特点:

(1) 大环套小环,小环保大环,推动大循环。

①PDCA 环——大环套小环。

②PDCA 环——不断前进。

PDCA 循环作为质量管理的基本方法,不仅适用于整个工程项目,也适应于整个企业和企业内的科室、工段、班组以至个人。各级部门根据企业的方针目标,都有自己的 PDCA 循环,层层循环,形成大环套小环,小环里面又套更小的环。大环是小环的母体和依据，小环是大环的分解和保证。各级部门的小环都围绕着企业的总目标朝着同一方向转动。通过循环把企业上下或工程项目的各项工作有机地联系起来，彼此协同、互相促进。

（2）不断前进、不断提高。

PDCA 循环就像爬楼梯一样，一个循环运转结束，生产的质量就会提高一步，然后再制定下一个循环，再运转、再提高，不断前进、不断提高（见图 6—3）。

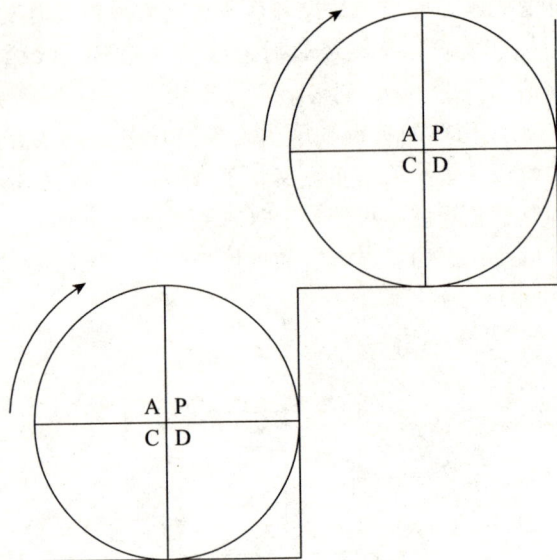

图 6—3　PDCA 改善不断提升

（3）门路式上升。

PDCA 循环不是在同一水平上循环，每循环一次，就解决一部分问题，取得一部分成果，工作就前进一步，水平就进步一步。每通过一次 PDCA 循环，都要进行总结，提出新目标，再进行第二次 PDCA 循环，使品质治理的车轮滚滚向前。

PDCA 循环有句俗语，叫作"火车跑得快，全靠车头带"，这句话常常用来比喻一个团队领导者的作用，即在一个团队中，领导者的作用是巨大的，"带头大哥"——领导者要英明能干，具有决策力、威慑力，才能带出好队伍，带领团队不断走向成功。这句话主要强调了领导者的关键性作用，但我们也知道，让火车跑得快的前提除了要有动力强的车头带之外，还应该有好的铁轨作为支持，即所铺设的枕木要足够结实，钢轨要足够强壮，能够耐得住火车高速度的冲击。我想，与"带头大哥"火车头相比，铁轨的作用更为重要，因为如果没有了铁轨做支撑，纵使火车头的动力再强劲，也是无法施展的。由此，我就联想到了让我们费思量的绩效管理。

那么绩效管理的"带头大哥"是谁？它的轨道又在哪里？我想，企业的战略目标可以担当绩效管理"带头大哥"的重任，这一点毋庸置疑，要想使绩效管理发挥作用，企业的战略目标必须清晰明确，具备号召力。由于本书探讨的是绩效管理的"轨道"的问题，对此就不再详述。

回过头来，我们再来谈绩效管理的"轨道"这个话题，我认为，戴明的 PDCA 循环就是绩效管理的"轨道"。PDCA 循环是由美国质量管理专家戴明提出来的，所以又称为"戴明环"。PDCA 的含义是：P（Plan）——计划，D（Do）——执行，C（Check）——检查，A（Action）——行动，对总结检查的结果进行处理，成功的经验加以肯定并适当推广、标准化，失败的教训加以总结，未解决的问题放到下一个 PDCA 循环里。以上四个过程不是运行一次就结束，而是周而复始地进行，一个循环完了，解决一些问题，未解决的问题进入下一个循环，实现阶梯式螺旋上升。

案例3	互联网对流程的变革

经常上网的朋友应该会比较熟悉"客户体验"这个名词，因为互联网给了大家一个更为直接的价值交换平台。最普通的比如微博，对方通过提供有价值的观点及文章换取更多网络用户的关注，从而成为所谓的"网络达人"。

互联网行业是最有潜力也是最有竞争力的行业，无论是电子商务、个人网站、门户网站还是搜索引擎或者是一些类似淘宝的网上商城，对它们来说最在乎的就是用户转换率，以及公司产品对客户的吸引力。一个网站的用户仅仅通过敲击键盘或点击鼠标就能很便捷地转移到竞争对手那里去了。在这样的一种局势下，客户体验成为互联网公司留住客户的核心竞争力。

随着网上商店、百货店以及药妆店等销路的扩大，城野医生（Dr. Ci：Labo）迅猛发展。2005 年 2 月，城里医生在东京证券交易所挂牌上市。但是公司旗下 2003 年冬季投入市场的年轻品牌"Labo Labo"也在这时发生销售危机。在一段时间里，公司仓库中堆满了被退还的货物。

城野亲德不得不下令召回所有在外库存的"Labo Labo"产品。成野说："我承担起这次失败的责任，并于 2005 年处理掉了价值 20 亿日元的堆积库存，决定从头开始。"

随后，城野决定将信息系统和销售制度的改革交由首席信息官神户聪负责。

接下来，神户聪从客服中心业务的关键绩效指标改革、信息技术强化、药妆店巡查员的增加这三个与消费者息息相关的方面着手，开展改革工作，最终取得了显著的成效。

　　首先引起神户聪注意的是信息系统投资过剩的问题。只要一线的销售人员提出新的需求，公司往往马上回应，因此系统的建立非常随意和混乱。信息体系和业务流程是以城野医生的单个客户单次购买的平均消费额达到 11 000 日元为前提的，而"Labo Labo"的单个客户单次购买平均消费额为 2 000 日元，套用这套系统的话，成本就过高了。

　　神户聪决心在信息体系方面贯彻"提高成本回报率"的宗旨。在详细了解了公司状况以后，他计算了每种功能的成本回报率，并取消了不产生回报的功能。一年之后，他成功削减了两成以上的系统成本。

　　另一方面，神户聪在巡视客服中心的过程中也发现了问题。

　　在进入工作室的那一刻，神户聪便拉长了脸说道："这样的待客方式绝对行不通。"当时，客服的总体方针是效率优先，导致每位接线员都皱紧眉头，努力将每一次电话的时间控制在最短。而像"向咨询美白功能的顾客推荐改善皮肤粗糙的护肤品"这种强硬的交叉营销方式也令人觉得不妥。

　　于是，神户聪对客服中心进行了改革。他认为，客服中心是咨询的窗口，因此应该尽量延长与顾客的通话时间。他将关键绩效指标由原来的"平均通话时间"改为"年购买次数"。

　　此外，为了使接线员能在长时间的通话中应对顾客有关肌肤护理的各种咨询问题，他还完善了接线员的培训制度。如此一来，客服中心的平均通话时间增加了 2～3 成，由于接线员的增加，培训费用也增长了，但是这些做法带来的效果卓著，顾客的年购买次数一下子就提高了。至 2006 年 9 月，这个数值相比 2005 年同期增加了 3 成，年购买金额当然也随之增加。这使公司能够消化成本上涨的影响。

　　自 2007 年起，女性消费者购买化妆品的习惯发生了巨大的变化——年轻女性渐渐习惯直接在网络上购买化妆品。不过，越来越多的消费者选择先在化妆品、美容类网站上充分了解产品的相关信息后再下单。

　　但是在神户聪看来，城野医生此前的销售网站"如同自动售货机一般枯燥无味"。于是，他在销售网站上创建了"大家的心声"这一评价版块，目前已经有 7 万多名消费者在这里交换了意见和看法。公司的网页负责人和研发负责人也参与其中，大家共同探讨解决皮肤问题的方法。

　　作为曾经的广告业从业者，神户聪自然没有忘记将投入媒体广告的预算进行再分配，匀出一部分经费用于网络广告。随着这些措施的实行，通过电脑和手机网页购买产生的销售额所占比例从 2005 年的两成左右上涨到了如今的四成左右。

　　神户聪对城野医生的销售渠道优化，使得城野医生公司业绩逐步上升。2010 年 7 月，公司经常收益达到 75 亿日元，同比增长 39.1%，企业发展重新回到正轨。

城野医生公司早年陷入经营困境便是源于此。幸运的是，该公司董事长认识到了这一点，敢于停止这种销售，并选择了合适的人选——神户聪，带领企业从头开始。仔细分析城野医生公司的发展历程，我们会发现它在企业经营上的两大值得学习之处。

敢于果断、及时地止损

我们知道，企业在发展中总要进行各种各样的决策，而且随着企业的不断发展，各种决策也会越来越多。而为该项决策投入的成本越大，也往往越难以放弃。有时候，尽管知道挽回的可能性不大，人们也还是会抱有幻想，甚至不惜花费更多的精力、人力和财力，试图扭转危局。但是，投入越多，人们越难舍弃，然后继续投入，最终形成一个"从投入到损失、再投入再损失"的恶性循环。其实，在这个时候，敢于果断、及时地止损才是最理智、最精益的行为。

在城野医生公司的案例中，城野亲德下令召回所有在外库存的"Labo Labo"产品，并于 2005 年处理掉了价值 20 亿日元的堆积库存，决定从头开始。这便是一种及时、快速的止损行为。如果公司继续加大对该产品的投资，那么无异于向黑洞里投钱。

结合市场形势调整运营模式

任何一种运营模式本身都无所谓"正确"或"错误"，但是，在某一种市场形势下，企业的运营模式却存在着适用性的问题。如果不适用，那么这种运营模式便会导致企业经营受损，甚至破产。

比如，城野医生公司发现：自 2007 年起，女性消费者渐渐习惯直接在网络上购买化妆品。而城野医生虽然有自己的销售网站，但"如同自动售货机一般枯燥无味"。于是，该公司在销售网站上创建了"大家的心声"这一评价版块，让消费者在这里交换意见和看法。这种销售渠道的完善使得城野医生公司在消费者心中得到了极大的肯定。

在渠道优化的同时不忘考量成本

不计成本的渠道优化，只会给企业带来负担，甚至雪上加霜。而基于成本考量的优化则会帮助企业不必浪费过多成本而有效实现企业盈利。

案例中，神户聪对客服中心进行了改革，将关键绩效指标由原来的"平均通话时间"改为"年购买次数"，完善了接线员的培训制度。如此一来，顾客的年购买次数逐步提高，年购买金额当然也随之增加。这使城野医生公司能够快速消化企业管理运营成本上涨的影响，从而在市场上逐步站稳脚跟。

而对于投入到媒体广告的预算，神户聪也进行了再分配，匀出一部分经费用于网络广告。随着这些措施的实行，城野医生公司通过电脑和手机网页购买产生的销售额所占比例，从 2005 年的两成左右上涨到了如今的四成左右。

很明显，城野医生公司的业绩恰恰得益于神户聪在渠道优化时对成本的综合考量，而由此作出的管理决策一旦被应用于实践中，自然而然地具有了精益的属性——最大化地节约成本，同时最大化地收获市场价值。

理念 3　　　　　　　　流程创新

一项事业越艰巨复杂，越工程浩大，越具有探索性、创新性，奋斗与失败的循环次数就越多，有的甚至可能要经过成百上千次乃至成千上万次循环才能享受到成功的愉悦。因此，创意实现的过程，必然是一个经过人们无数次成功和失败的验证的过程。唯有这样确认可行后，人们才能更有效地创造实践成果。

很多企业的优良业绩得益于其选择了一种适合自身的销售渠道。基于这种渠道销售模式带来的成效，企业将在很长一段时间内沿用这种模式；更有甚者，当这种模式表现出不适应性时，企业甚至不知该如何扭转这种不适应性或不利。

可是，在市场环境被信息化方式不断改变的今天，流程管理模式发生着根本性的变化。在过去以手工和文件为基础的工作环境中，由于在文件中需要体现出流程责任问题，所以很多企业不得不通过逐级的文件签署来保证系统的运作。而在现在的信息化管理中，共享信息和作业指示都被一一记录在系统中，将作业规则结合到系统中去。此时，在信息共享与流程控制两个方面，信息化管理表现出其极其突出的优势，对工作流程的运作进行管理，并消除了作业流程的主观性。

可以说，信息化给了流程创新以极大的助力。不过，在流程创新取得显著效果，并得到普遍重视的同时，流程的精益化管理也成为企业供应链提升的关键所在。

以有限创造无限，这是很多企业都会有的精益经营理念。然而，采用何种经营模式来实现这一理念，这个近似辩证法的问题亦是每个企业都必须思考清楚的问题。这样的模式可以使各种可能都在模拟仿真中加以验证，从而大大节省了成本。而从企业经营的角度来看，任何有助于节省成本的行为都是精益的。

第 2 节　精益流程文化

精益生产方式是战后日本汽车工业遭到的"资源稀缺"和"多品种、少批量"的市场制约的产物。该生产方式是通过系统结构、人员组织、运行方式和市场供求等方面的变革，使生产系统能很快适应用户需求不断变化，以最大限度地减少企业生产所占用的资源和降低企业管理与运营成本为主要目标的生产方式。日本正是因为举起了精益文化的大旗，通过精益思想带动企业流程高效运作，从而走上了世界经济强国的道路。

如今，中国的企业同样处在这样一个发展转型的十字路口上。这种转型一方面是因为企业财富积累到一定阶段后，必须转变粗放的管理模式，而追求精准有效的管理以及在此基础上的可持续发展。另一方面则在于，当下的社会意识形态正在发生重要的变化，企业必须适应当下社会多元的价值取向特性，并通过提升文化建设和价值共识增加企业的凝聚力。

案例 1　IBM 的企业文化变革

企业是以一定的发展远景和发展目标将个体的人统一起来的组织。自然，这群人在一起就不应该是一群乌合之众，更不应该是连为什么在一起都不知道的组织。在这一点上，企业文化与民族文化是不同的。事实上，一个民族文化很可能是和平、温和、激进等这些描述状态的关键特性，它更多的代表一个民族的某种生存状态和生存境界，也许它并不涉及某些具体的使命感，或者并不直接地表现出来。但是，企业是一个营利性的集体，带有明显的目的性。目的性越明确，企业的文化价值主张也就越清晰，正是因为这个原因，所以我们必须明白企业"想成为什么"。

20 世纪 90 年代初，在总裁郭士纳掌舵 IBM 之前，IBM 经历了最辉煌的一段发展时期，创造了历史上最好的业绩。那时候，IBM 内部流传着一句话："1990 年是法国红葡萄酒的最好年份，也是 IBM 的最好年份。"他们的财长甚至宣称"现金多得不知道怎么用"，而 IBM 内部也蔓延着这样一种风气：市场是在变化，但我们可以左右这种变化。然而，在随后的三年中，因为市场的变化以及在变化面前的自大，IBM 持续亏损。三年后，郭士纳接手这家公司，被迫开始艰难的转型之路。

郭士纳要做的第一件事与"选择"有关——选择成为什么和选择放弃什么。后来，IBM 很清楚地描绘了它的选择，它的答案是："全球整合企业"、"在开放平台上建立高附加值的解决方案"、"帮助企业客户创新和整合"。这几句话其实可以这样概括：在全球范围内成为信息技术的服务者，帮助企业客户实现更有效的信息化管理。很显然，这与过去 IBM 作为一个 PC 制造商的价值表现是截然不同的，过去它是给企业提供计算机产品，而现在它提供管理所需求的信息化技术服务，这意味着一个崭新的价值主张出现了。

从这一价值主张出发，郭士纳以及他的继任者彭明盛开始大刀阔斧地改革企业内部的经营目标和经营方式，一些不符合这一价值主张的经营项目被售出，这就是我们后面看到的IBM的PC部门被卖给了联想等一系列传统业务的剥离而专注于信息化方案的研究、对客户的信息化整合服务等等。今天的IBM已经成为一个全球性的一流信息技术服务商，这一成就正是从郭士纳当初瞄着他们所确定的"理想"进行一系列剥离和重建开始的。

只要细致审视IBM的整个转型过程，就会发现这中间有两个显著的特征：其一，IBM的变革是围绕"想成为什么"这个问题的思考展开的，它引出了IBM新的价值主张；其二，新的价值主张也引发了IBM内部一系列业务结构和管理方式的根本性变化。正是这两个方面的协同并进，使IBM脱胎换骨，一举成为信息技术服务领域的领先者。IBM在这个过程中，也生成了一种新的企业文化：服务于实现新的价值主张的创新精神、服务精神和深入的信息化方案的研发精神等文化精神。

郭士纳在他的自传中曾感叹地总结道：变革的游戏，归根结底就是文化的游戏。这句话更直接的表达就是：当我们试图去推进"想成为什么"的构想时，我们事实上就是在改变企业的价值主张，并由此推进一个新的企业文化形态的产生。

理念 1　　　流程文化的要素

流程文化是指企业全体员工在长期的发展过程中所培育形成的并被全体员工共同遵守的关于流程的最高目标、价值体系及行为规范的总和。

目标导向

目标导向是管理者在管理流程的过程中，能够从流程的目标出发去共同设计与构建流程，同时不断优化流程、不断解决流程中出现的问题。这样才能保证流程中各个环节都能够保持方向一致，提升流程目标的达成效率。

联想集团董事会主席柳传志曾说过"目标是最大的激励"，第一代联想人正是在这种目标激励下奠定了联想大厦的基础。

第一代联想人100%是中国科学院计算所的科研人员，他们的年龄在40～50岁。和同龄的中国知识份子一样，他们富有学识但自感得不到施展，他们希望自己能更好地为国家多做一点事。所以这批人的精神要求很高，他们办公司的目的一半是忧国家之忧，另一半是为了证明自己拥有的知识能够变成财富。因而他们对物质的要求也不太多，在当时的那种环境下他们的收入不足200元，当公司每月能够提供300多元薪水的时候他们就很知足。

通过目标导向，企业可以有效提升流程管理的能力，尽量让每个人能够完整地理解流程，能够学会站在系统的高度多角度思考，能够把握精益流程的本质。

价值观

所谓价值观，是人们基于某种功利性或道义性的追求而对人们（个人、组织）本身的存在、行为和行为结果进行评价的基本观点。可以说，人生就是为了价值的追求，价值观决定着人生追求行为。价值观不是人们在一时一事上的体现，而是在长期实践活动中形成的关于价值的观念体系。企业的价值观是指企业职工对企业存在的意义、经营目的、经营宗旨的价值评价和为之追求的整体化、个异化的群体意识，是企业全体职工共同的价值准则。只有在共同的价值准则基础上才能产生企业正确的价值目标。有了正确的价值目标才会有奋力追求价值目标的行为，企业才有希望。因此，企业价值观决定着职工行为的取向，关系到企业的生死存亡。只顾企业自身经济效益的价值观，就会偏离社会主义方向，不仅会损害国家和人民的利益，还会影响企业形象；只顾眼前利益的价值观，就会急功近利，搞短期行为，使企业失去后劲，导致灭亡。

行为规范

企业的文化最终会通过一系列有形的制度或无形的规则体现出来。"制度"是将企业的核心价值或精神进行固化的一个必要道路。当下的不少管理者对"文化与制度"的认识经常落入这样一个误区：或把两者对立起来，或把两者混为一谈，不能正确区分两者在企业管理中的地位与作用。

文化与制度属于两个不同的管理层次和不同的管理方式。文化"体"的管理要优于文化"制"的管理，前者强调价值观、信念和道德的力量，是一种由内而外的控制；而文化"制"更多的是强调外在监督与控制，是企业倡导的"文化底限"，它要求员工必须做到。

当管理者提倡某种文化时，会通过培养典型、开展活动的形式来推广和普及。但要把所倡导的文化变成员工的一种自觉行为时，制度则是实现它的最好载体之一。对文化的接受需要很长时间，但在合理的范围内，把文化通过制度强制执行，就会加速员工对文化的普遍遵守，并逐渐内化为认同。

案例 2 　　　　　　　　　　**员工是文化的承载**

在一开始，丰田生产方式其实并不受员工的欢迎。因为几乎所有员工的观念都是，丰田生产方式就是在琢磨如何加快速度，催促员工快速工作，而这显然会把人累死。这种敌对的态度代表了大多数员工对丰田生产方式的认识。但是，丰田用它的实际行动破解了这种敌对。

丰田公司并不是一个藏私的企业，相反，它很看重精益思想在全球的推广。为此，丰田决定接管通用汽车在加州关闭的弗里蒙特工厂，与通用共同创立了新联合汽车制造公司，即 NUMMI，并试图用丰田方式开展管理。在这个过程中，丰田努力构建员工对企业的信任。

让通用汽车比较头疼的是当地的工会，他们非常激进，劳资冲突严峻。但是，丰田决定让当地工会的特定代表进厂。丰田认为，这些代表是员工中的领导者，而丰田需要有人领导通用的原有员工。丰田把这些代表送到日本的丰田工厂，让他们亲身体验丰田生产方式。在他们改变了对丰田生产方式的看法后，他们说服了工厂里那些持敌对态度的员工，于是，精益思想开始逐步推广开来。

丰田让员工明白，精益生产并不是一种压榨员工价值的工具。为了证明这一点，在通用公司对该厂的订单大幅缩减的时候，他们也没有裁掉一名员工。他们把员工编入改进团队，为他们安排合适的工作。

在丰田有一点很明确：维持员工的饭碗是企业的社会责任之一。

在 20 世纪 60 年代，美国对进口卡车强制征收 30% 的附加税。为了避税，丰田决定在美国本地设厂，地点选为加州长滩，工厂命名为 TABC。2002 年，TABC 在长滩庆祝成立 30 周年。当时，丰田选择将卡车车床工厂迁移到墨西哥，以获得更好的成本优势。因此，这一场庆祝会被认为会是不那么欢乐的。但事实并非如此，因为丰田没有裁掉任何工人。对此，企业方解释说：长滩工厂是 30 年的老工厂了，但是丰田的管理高层认为，这里的工人表现一直很好。在有限的资源条件下，他们仍然执行丰田的生产方式。如果关闭，对工人们来说是非常不公平的。因此，丰田试图为 TABC 寻求新的出路。当年 6 月，TABC 工厂庆祝成立 30 周年，同时与日野汽车公司达成新的合作事业。TABC 扩展到制造新型卡车领域。在庆祝会上，公司还表扬了 10 位一直在该厂服务的资深员工。

丰田用一系列行动表明，精益流程的目标并不是为了裁员，成功取得了员工的信任和支持。

员工是精益流程的实施主体和基础，如果他们没有广泛接受精益管理文化，那么精益流程的推行必然困难重重。精益流程管理的推行应该达到这样一种状态：员工都具有较强的精益意识，他们在工作内外都会积极考虑如何进行流程的精益改善，对工作投入较多的注意力。

理念 2　　　　流程文化的提炼

再好的流程体系、再先进的管理机制，如果没有与之匹配的流程文化，都无法发挥其本身的最大价值。正如我们常说工作中要达成共识、组织要有共识指的就是拥有共同的文化理念。

对于流程文化的提炼从哪些角度入手，我们可以参考前面提到的流程文化的要素，将其作为推广流程文化的切入点。

确立目标导向

工作就好比打猎，猎物就是你的工作目标，你先要弄清楚目标在哪里，然后才能采取行动。如果胡乱打一通，不仅会浪费了力气，还打不着猎物。这个道理听起来很容易被人理解，但是在工作实践中却容易被人忽视。

俗话说：当局者迷，旁观者清。如果我们能够以一名旁观者的心态来看待问题，自然就能够做到对什么事情都很明了。而有一句诗是："不识庐山真面目，只缘身在此山中。"说的就是人们对于自己切身练习的事物总是带有自己的感情色彩，很难做出正确的判断；只有退出去，才能更客观地对其进行评价。管理者要引导员工到他们应该去的方向，而不是他们觉得容易去的方向；要让每个员工明白自己要做什么、要往哪个方向发展，果断下定决心，努力坚持到底。

因此，我们做任何事情都应该时刻把握清楚正确的方向，不要让自己偏离目标。凡是在正确方向的事情，我们都可以去做；凡是偏离轨道的事情，即使诱惑再大，我们也要避而远之。

凝练价值观

它是流程文化的核心，是创建流程文化的一项基础工作。因为组织中的每个成员都有自己的价值观念，但由于他们的资历不同、生活环境不同、受教育程度也不同，使得他们的价值观念千差万别。企业价值观念的培育是通过教育、倡导和宣传模范人物进行感召等方式，使企业员工摒弃传统落后的价值观念，树立正确的、有利于企业生存发展的价值观念，并达成共识，成为全体员工思想和行为的准则。

制度先行

中国企业家讲究"人性化"管理，他们大多数人都很排斥用强硬的制度来管理员工，认为这样会伤害管理者和员工之间的关系。这种带队伍的方式不仅没有将员工团结在一起，反而让团队成员更加抵制公司的制度，管理起来更加困难。

现代企业管理讲求的是效能，没有制度的规范、约束和统筹，管理便会呈现没有程序、缺乏标准以及分散零乱的状态，其有效性和正确性也就大打折扣。

因此，企业要实现良性循环，达到健康发展的目的，就需要理顺各方面的管理秩序，这就需要利用强制性的制度来发挥积极的作用。

因此，对于带队伍而言，管理中不能一开始就放宽政策，而是要用强硬的措施，让员工接受企业的制度和文化。不过，有时候也不能一味地采用强硬的手段，而是要在员工愿意接受公司制度之后，结合软硬兼施、恩威并济的办法，让管理更见成效。

流程文化是企业在流程管理实践中逐步形成的、为全体员工所认同并遵守的、带有本组织特点的使命、愿景、宗旨、精神、价值观和经营理念，以及这些理念在生产经营实践、管理制度、员工行为方式与企业流程精益管理和全面改善风气方面的总和。可以说流程文化是企业文化的重要组成，因为从战略高度来看，流程文化可以明显地将该企业与其他企业区别开来，可以提高企业员工对企业的认同感和企业发展。

案例3 　　　　　　　　**理光制造在培训中传播文化**

企业文化的发展离不开人才的推动，而要想让员工在工作上有杰出的表现，并持续改善他们的工作方法以及其他企业管理事项，企业就必须以文化传播的方式塑造出一大批优秀人才。这种重要性在各个行业中的企业都展现得淋漓尽致。

自成立至今，理光制造一直致力于帮助客户提高生产力。理光当前拥有的产品涵盖了复印机、打印机、传真机、光盘驱动、数码相机和电子设备等。作为最早探索数字图像输出技术的厂家之一，理光制造在欧洲、美国和日本皆处于市场领先地位。然而，一个现代高科技企业怎样才能在竞争激烈的国际经济舞台上立于不败之地？

理光公司总经理樱井正光一语道破天机——人才培养。

首先，理光公司进行了系统的人才规划。理光公司的人才规划不能够仅仅是人力资源部的精确计算，必须要让业务部门紧密参与进来，由此实现人才规划对企业战略和业务的支持。

在人才规划实践中，理光公司的人力资源部门是推动部门，业务部门才是人才规划的主体。人力资源部通过收集市场的人才结构、人才配比、人均效能等数据信息，帮助业务部门更好地实现人才队伍配置，而整个组织也通过人均利润、核心人才流失等KPI（关键绩效）指标来实施监控整体人才管理的状态。

其次，理光公司对人才培养的方式也极度重视。

过去，理光公司采用"台上讲，台下听"的方式。虽然这也是一种重要培训人才的方法，但现代企业最需要独创性的人才。所以，理光公司设计了现在的管理思路是：只要公司内有人想做一件事，就为之创造条件。因为如果人们在做事情的过程中遇到困难，主动发现了自身知识的不足，他们便会自觉地学习。如此一来，人才培训的核心就发生了变化——从过去的"让你学"转变为现在的"我要学"。

为了对员工的主动学习提供支持，理光制造还设计了横向与纵向的培训课程。

其中，横向培训是指如果员工先有某一专业的知识，那么随后会为之提供积累横向发展工作经验的课程和工作机会；而纵向培训是指如果员工已经具有丰富的工作经验，那么随后会为之提供纵向管理提升的课程和工作机会。

这样一来，不仅在企业内部形成了一种自主、积极学习的氛围，拓宽了职业空间，让员工获得了自我满足，同时也为企业企业精益化管理实践积累了大量的人才储备。

案例中，理光制造便是如此，其经营者同样认识到了"让员工成为人才"的重要性。也恰恰是基于这种深刻的认知，理光制造的经营者采取了一系列积极有效的培养模式，为企业培养了大批优秀的精益推行人才。

让员工被动接受学习与教育永远是一种不可取的选择。试想：如果一项学习与培训方案让员工毫无兴趣，那么他会将学习本身视为一种负担，根本不会投入其中，学习效果自然不佳。因此，企业经营者应始终信奉一个重要原则：让员工主动寻求进步，自主学习。

在理光制造最初也曾经采用"台上讲，台下听"的方式来培训人才，但如今其培养人才的思路改变为：只要公司内有人想做一件事，公司会为他全力创造条件；如果他在做这件事情时遇到困难，发现自己知识的不足，他会主动地学习。此时，理光公司还会提供对应的支持资源。这种"我要学"的状态使得理光制造公司内部建立起了一套积极向上的工作机制，企业管理者在管理上也更容易。

如今，我们可以不断地从新闻上获取关于理光制造公司的消息，这些新闻多半和其公布的新成就有关。而这与其始终坚持人才培育，为企业储备持续而有力的人力资源是密切相关的。

理念 3　流程文化深入人心

对管理者来说，管理意识上的转变最重要——抛开纯粹的竞争性策略，而转向以价值为中心的全面的合作共进，也意味着管理者要同时抛弃唯经济成果导向的管理意识，而在基于价值贡献的管理方式上做出更大的努力。在这个方面，管理者有许多工作要做。

推进企业的价值成果量化工作

一个企业如果不能对个人或者团队理应做出的价值贡献进行科学的量化工

作，那么要谈以自我价值贡献为中心的管理模式，就是一句空话。

当下的企业界对价值量化管理工作所知不少。经济环境的变化也正在催生众多企业界人员倾向于采用价值管理方式，而非竞争性管理。但是，在恰当的价值管理工作中，有一点是至关重要的，那就是理解什么是真正的价值。在对"价值"本身的认识上，管理者确实存在很多误区，比如一家工厂很可能认为"更优的质量"是一种价值，或者提供更多的服务、生产更多的产品是一种价值——这种说法掩盖了一种价值前提：企业的价值是客户认为的那种价值，企业的最大使命是满足客户的需求，因而任何企业的价值都不是内部概念，而是指向外部需求。因而，当企业全面推行价值管理的时候，必须把"外部价值"的概念作为企业的价值标准。在这种标准下，越多的产品、越高的质量是企业的一种价值表现。唯有把企业的外部价值真正导入企业的内部生产活动中，企业的所有生产创造活动才可能真正符合企业发展所需，而不是陷入似是而非的价值判断之中。

推进合理有效的价值评价机制

除了上面这个问题之外，管理者还必须同时推进企业价值评价机制的建设。完成企业的价值成果量化工作，只能说管理者寻找到了一个有效地激发组织成员进行价值创造的依据，但是要推进组织成员去实践这种价值创造活动，则与企业的价值评价机制息息相关。

价值认知和价值的自我评价

推进企业更全面、更持久地发展乃在于形成这样一种状态：企业中的每一个人都知道自己应该做什么、不应该做什么，知道自己的贡献何在，而且应该可以在何处作出更大的贡献。这种状态意味着，组织中的每一个都能够对自己的价值贡献进行有效的自我管理，并对此抱持积极的态度。

企业中的任何一个员工都是一个独立的价值体，他存在于组织中的一个基本前提是做出他理应作出的价值贡献，并在此基础上朝更大的价值贡献的方向努力。在这样一个状态，企业需要的不是单纯的竞争，而是企业员工的员长——价值是通过个体的能力、心智的成长以及相应的行动创造出来的。

因而，管理者始终要将"个体成长"这一关键指导思想纳入管理的出发点，才可能摆脱过去那些自以为是的竞争性管理方式的困扰。这是一个需要持之以恒加以坚持的过程。这个过程本身代表着这样的管理理念：成果得益于人本身的成长和创造力。

参考文献

[1]〔美〕杰弗里·莱克．丰田汽车案例．李芳龄译．北京：中国财政经济出版社，2004

[2]〔美〕约翰·德鲁，布莱尔·麦卡勒姆，斯蒂芬·罗根霍夫．精益之道．吕奕欣等译．北京：机械工业出版社，2007

[3]〔日〕大野耐一．丰田生产方式．北京：中国铁道出版社，2009

[4]〔日〕大野耐一．大野耐一的现场管理．崔柳译．北京：机械工业出版社，2011

[5]〔美〕沃麦克，〔英〕琼斯．精益思想．沈希瑾，张文杰，李京生译．北京：机械工业出版社，2008

[6]〔日〕金井正明．改善．周亮，战凤梅译．北京：机械工业出版社，2010

[7]詹惠元．文化命门——企业文化建设的误区与对策．北京：中国电力出版社，2010

[8]〔美〕拉佛．走向精益．王占波译．北京：机械工业出版社，2010

[9]〔日〕酒卷久．心在工作现场．涂珊译．北京：东方出版社，2010

[10]〔美〕大卫·曼恩．精益企业文化．马常松等译．北京：中国财政经济出版社，2010

附录

企业如何推行精益流程的变革？

《实用精益流程管理学》大纲

课程简述：

目前，多数企业都因为缺乏对精益流程的切身了解与应用，从而深受流程效率低下等问题的困扰。在本书中，我们重点讲述了流程管理的观念之变革，从工业革命初期的大批量生产模式到多品种、小批量的敏捷生产，客户的价值越来越被企业所重视，也因此兴起了异常流程管理的精益化革命。通过对精益流程多角度的分析，我们可以从本书中找到合理的方法来帮助企业走上流程管理的精益化道路。

本书定位于中层主管流程管理的精益化，借助各种精益实践的案例，阐述精益流程管理的推行手段和理念，力求帮助中层主管更好地认识精益思想在流程管理中的应用，并学习和掌握可以直接使用的精益管理方法和工具，更好地推行精益管理。

第一讲　将精益思维引入流程管理

1. 管理就是走流程

知识点：什么是流程，会议也要走流程，福特汽车的流程管理，精益流程问世

2. 精益流程思维的本质

知识点：价值流的概念，消除浪费，快速反应

3. 精益流程的观念

知识点：排队系统，从业务到管理，重视顾客价值

> **授课目标：** 1. 了解流程在不断变化的管理模式中的作用；
>
> 2. 掌握精益流程思维的本质；
>
> 3. 认识精益流程的观念革新。

第二讲　精益流程的结构及变迁

1. 流程变形记

知识点：金字塔型结构，矩阵模型，扁平

化组织

2. 精益流程结构

知识点：流程的要素，框架图，辨别流程的必要与不必要构成

3. 敏捷的精益流程

知识点：柔性布局，关键技术，敏捷性评价，有效管理，端到端流程，信息化桥梁

> 授课目标：1. 了解不同企业的流程结构及变化趋势；
>
> 2. 掌握精益流程的构成要素，并学会辨别必要与非必要；
>
> 3. 了解精益流程结构的几个特点。

第三讲　顾客价值分析

1. 顾客价值内涵

知识点：供需变化，定义、内涵分析

2. 购买行为的背后

知识点：需求度差异，概念发掘，顾客价值的意义

3. 满足顾客的需求

知识点：创造需求，客户导向，流程的内部客户

> 授课目标：1. 掌握顾客价值的定义及内涵；
>
> 2. 学会分析顾客购买行为背后的价值；
>
> 3. 认识如何满足顾客的价值需求。

第四讲　解构业务活动

1. 活动分析

知识点：5WHY 分析法，信息收集，流程分析

2. 业务重组

知识点：打破常规，大胆创新

> 授课目标：1. 掌握流程活动的分析方法；
>
> 2. 了解流程重组的意义，提升应对变革的能力。

第五讲　打造价值流程

1. 浪费与价值

知识点：浪费的形式，浪费背后的价值

2. 价值流程图

知识点：库存的浪费，改善订货模式，价值流程图，分析方法，正确认识价值流程图

3. 增值业务与非增值业务

知识点：集中资源、价值最大化，流程管

> 授课目标：1. 了解浪费背后的价值，学习精细改善方法；
>
> 2. 掌握价值流程图的使用；
>
> 3. 学习价值判定方法，辨别业务流程是否增值。

理保障组织价值节点的标准，流程规划方法，明晰主辅流程细化价值链

第六讲　流程标准化技术

　　1. 可视化管理

　　知识点：看板管理，可视化管理的概念，可视化管理的意义，管理工具与方法

　　2. 消除多变性

　　知识点：SOP 制定，简单化、专业化、标准化，岗位流程优化，流程设计分析

　　3. 均衡运作

　　知识点：单件流作业，均衡化生产，人员调配，动作分解，一个流建设

> **授课目标：** 1. 了解可视化管理的作用，学习可视化管理的工具和方法；
> 　　2. 掌握岗位标准化技术；
> 　　3. 合理调配工序人员，拆分作业动作。

第七讲　提升技术的价值

　　1. 建立技术体系

　　知识点：创新途径，技术体系，柔性制造

　　2. 明确开发对象

　　知识点：技术引入，技术评估，技术改善流程

　　3. 多能工

　　知识点：人才成长系统，多能工与少人化，训练的必要性，训练方法与作用

> **授课目标：** 1. 学习建立制造与管理技术综合体系；
> 　　2. 确保精益流程技术的有效应用与开发对象；
> 　　3. 认识多能工的必要性，掌握其培训方法。

第八讲　准时化生产

　　1. 追求效用最大化

　　知识点：动作经济原则，准时化生产的推行方法

　　2. 节拍运作

　　知识点：节拍时间的概念，节拍缺失的影响，生产节拍的实现

　　3. 人员的弹性配置

　　知识点：人才的精益化，管理的任务，人才培育机制

> **授课目标：** 1. 了解动作经济原则在流程中的作用，推进 JIT 模式；
> 　　2. 认识节拍运作，学习统一节拍的方法；
> 　　3. 掌握精益流程人才的培训。

第九讲　不可忽视的管理流

1. 管理流程的方向

知识点：管理流的作用，分类，管理者的职责

2. 大组织的管理流程

知识点：全员参与，"看得见的手"，大组织的弊病

> **授课目标：** 1. 认识管理人员对流程管理承上启下的作用；
>
> 2. 了解管理在流程运作中的协调作用。

第十讲　精益控制

1. 什么是瓶颈

知识点：瓶颈改善前后对比，瓶颈的概念及判断

2. 寻找移动的短板

知识点：大野耐一圈，约束理论，实施步骤，流程约束与系统流程能力的关系

3. 精益控制方法

知识点：自动化检测，自动化停机，自动化报警，平衡计分卡，反馈机制

> **授课目标：** 1. 了解流程中的瓶颈；
>
> 2. 掌握约束理论，消除流程的波动；
>
> 3. 学习并掌握精益流程的控制方法。

第十一讲　精益流程的改善

1. PDCA 戴明环

知识点：什么是 PDCA，改善方法实施

2. 螺旋上升的改善通道

知识点：自我挑战的改善，大环套小环，持续推进，不断上升

3. 流程创新

知识点：互联网与流程，渠道创新，信息化的助力

> **授课目标：** 1. 学习 PDCA 改善方法；
>
> 2. 建立 PDCA 环螺旋上升的改善机制；
>
> 3. 认识流程创新的重要性。

第十二讲　精益流程文化

1. 流程文化的要素

知识点：目标导向，价值观，行为规范

2.流程文化的提炼

知识点：确立目标，凝练价值观，制度先行

3.流程文化深入人心

知识点：价值成果量化，价值评价机制，价值的认知与自我评价

> **授课目标**：1.了解流程文化的要素；
>
> 2.掌握流程文化的提炼方法；
>
> 3.将流程文化在企业内普及。

图书在版编目（CIP）数据

实用精益流程管理学/易生俊，孙亚彬著．—北京：中国人民大学出版社，2016.1
（实用精益管理培训系列教程）
ISBN 978-7-300-22057-4

Ⅰ．①实…　Ⅱ．①易…　②孙…　Ⅲ．①企业管理　Ⅳ．①F270

中国版本图书馆 CIP 数据核字（2015）第 252242 号

实用精益管理培训系列教程

实用精益流程管理学

易生俊　孙亚彬　著

Shiyong Jingyi Liucheng Guanlixue

出版发行	中国人民大学出版社	
社　　址	北京中关村大街 31 号	**邮政编码**　100080
电　　话	010－62511242（总编室）	010－62511770（质管部）
	010－82501766（邮购部）	010－62514148（门市部）
	010－62515195（发行公司）	010－62515275（盗版举报）
网　　址	http://www.crup.com.cn	
	http://www.1kao.com.cn（中国１考网）	
经　　销	新华书店	
印　　刷	北京易丰印捷科技股份有限公司	
规　　格	170 mm×228 mm　16 开本	**版　　次**　2016 年 1 月第 1 版
印　　张	12.75　插页 2	**印　　次**　2016 年 1 月第 1 次印刷
字　　数	220 000	**定　　价**　39.00 元